JN104932

見沼を商う25選

　著作は5冊目ですが、この本ぐらい書名を色々考えた本はありません。「小商い」「儲ける」「設ける」…等々を経て「見沼を商う」にしたのです。

　30年以上、見沼の保全運動をやってきて痛感するのは「見沼を商う」事です。書名「見沼を商う」のポイントは「を」と「商う」です。「見沼」は当然の事なので、助詞の「を」と「商う」がポイントになります。「を」は、動作の目標、すなわち「商う」にかかって、「見沼（を）（商う）」なのです。

　昔は「田んぼ」で「お米」を作り、そのため「代用水」（世界灌漑施設遺産）を作りました。また「田んぼ」は「治水」を兼ね「農村環境」を作って来ました。しかし、長く続いた「減反」政策、製造業中心の政策、食糧自給率の低下の中で、「お米」の消費は減り「田んぼ」の減少で「治水」や「農村環境」はピンチになりました。

　見沼の「治水」のため、この先ずっと「農家」や「地権者」に規制のみを続けるには無理があります。かといって行政が「公金」を出し続ける事にも限度があります。低成長時代が続き税収が減少する中では無理があるのです。

　「人口減少時代の成熟型都市経営とは何か」と京都大学大学院の諸富徹教授は『成熟型都市経営の財源調整―どう稼ぐ、視点の重要性』で述べています。見沼田んぼを持つ「さいたま市、川口市、埼玉県」

や私たちは、この視点の重要性をかみしめる必要があります。行政の都市経営はもちろんの事、見沼に育ちつつある若者達のアグリベンチャーを育てる政策を持たねばなりません。私たち市民も応援する必要があります。

　「見沼」の保全を続けるためには「見沼を商う」必要があるのです。そして、「商う」ためには「保全」の上に立って「活用」・「創造」しなければなりません。埼玉県の決めた「保全・活用・創造の基本方針」通りなのです。「商う」事、税収や保全のための基金を積むためには、人を多く集めねばなりません。そのためには駐車場やトイレの問題等を考えねばなりません。まさに「どう商うか、その視点の重要性」が行政に問われるのです。

　この本で、ささやかながらその道を探り、育ちつつある芽のルポを行いました。是非、考え、実行してくれる人が増える事を心から祈っています。

01

コロナ後の社会と見沼
——「京大、日立」PC予測、生命系重視の時代

　「コロナ禍」から1年以上が過ぎました。「プレコロナとポストコロナ」です。昔から大きな自然災害が訪れると社会のありようや私たちのライフスタイルが大きく変化すると言われてきました。

　ちょっと見ただけでも見沼田んぼにも大きな変化があります。人の出が違います。断然、多くなったのです。1人やカップルより子供達や家族連れの人たちです。遠くの観光地より、自分の住んでいる近くの街の豊かさが大事なのです。

　見沼の自然の土や水、緑、歴史の跡等々です。やはり自分の地域、近くに緑や土、水などが絶対必要です。私達人間は、これら抜きに暮らす事は出来ません。今回の「コロナ禍」ははっきり私達に何が大切か教えました。

　京都大学「こころの未来研究センター」と「(株)日立製作所」は「協創」で「日立京大ラボ」を結成(2016)、共同でパソコンの「人工知能」（ＡＩ）を使い、日本の未来予測による政策提言を行って来ました。京大の広井良典教授はこのシミュレーションを踏まえ『人口減少社会のデザイン』（東洋経済新報社）を発行しました。

　広井教授の予測と「人工知能」（ＡＩ）の「これからの日本」の展望は概ね一致するもので興味深いものです。それは「ポストコロナ」の日本と世界の具体的姿を展望するものです。まとめると次の4点に集約されます。

（1）「都市集中型」から「分散型システム」への転換

（2）格差の是正と「持続可能な福祉社会」のビジョン

（3）「ポスト・グローバル化」の世界の構想

（4）科学の基本コンセプトは「情報」から「生命」へ

（広井良典 「東洋経済」ONLINE　2021年3月27日）

　見沼に雇用を作り出し、農的産業に向く人々に、働く場と報酬を提供する事は大きな役割と言えます。それは可能でしょうか？可能どころか、それこそ必要と「京大こころの未来研究センター」と「（株）日立製作所」のパソコンは回答を出しているのです。

　「ＡＩ」の回答は、多くの人が、了解出来る方向です。本書との関連で特に注目すべきは上記の（2）（4）の項です。別の所でも触れましたが、重大な事は（4）の科学の基本コンセプトが「情報系」から「生命系」へと大きく転換する事です。大事な「産業」がそうだから、科学の基本コンセプトもそうなるのです。では「生命系」とは一体何でしょうか？この数年間の自然災害の勃発と地球温暖化と気候変動等が教えています。私たちが「生命系」のものの見方や、「生命系」の科学、産業等を大事にする必要があることを教えているのです。

　より具体的に言えば「生命系」とは次の5つの分野を指しているのです。1つは「健康や医療」であり、2番目は「環境問題」であり、3番目は「生活や福祉関連」です。そして4番目が「農業」、5番目が「文化問題」です。これらが「生命関連産業」です。

　高度経済成長型の「工業化モデル」から脱却し「生命型モデル」へ転換する必要がある事（藻谷浩介著『進化する里山資本主義』ジャパンタイムズ社）を現在の日本、地球、コロナ禍ははっきり示しています。コロナ禍は、こうした流れを加速しています。ＡＩは、こうした

方向を選択しなければ、日本の未来はないと言っているのです。

　この「生命系モデル」の中心に属し、見沼と密接に関連するのが「農業」です。自然に働きかけ自然との代謝を通じ、人間の食物を生む産業が「農業」です。新しい農業が社会の中心になっていくのではないでしょうか。ポストコロナで最も重要になるのはこのような「環境型農業系」ではないでしょうか。人間の食べ物を作るのですから当然です。ＡＩ（人工知能）とＣＩ（集合知）を結びつける事が大事です。多くの人が言っている方向性をＡＩも確認したという事でしょう。他の人の意見を「学習」したり「確認」するのも「ＡＩ」はとても便利で不可欠です。

　「治水のため土地利用が農地・公園・緑地等」に制限されている見沼こそ新しい農業のメッカになると思います。

　また、予定も含め、病院や介護系の大学、施設が多く、優れた研究者もいる「日光御成道界隈」も、地域に集中する資源を生かす時が来たと思います。「慶應義塾大学」の「薬草園」は、その良い例です。見沼─日光御成道界隈には未来があります。

02

アグリベンチャー
——農のベンチャーの時代が来た

　現在の日本の農業は転換点に立っています。農業には「狭義」と「広義」の2つがあります。「狭義」は、実際の農作業をやり、植え時、肥料等々の実際の農作業に詳しい従来型の農業です。「広義」とは「狭義」の農業にプラス α のある事です。プラス α は、農を軸にしながら販売、広告、体験、デザイン、観光等々の必要な農的サービスです。特に「観光」です。

　農的アグリベンチャーは、もちろん「広義」です。新しい広義の農業を作ろうとする人が多く出ています。新しく農業に参入し「起業」しようとする人が多くいます。もちろん1人でも複数でも、チームでもかまいません。とにかく新しい農業の時代が来ているのです。

　昔も今も、人間にとって生きていく最大の問題は「暖かさと食べ物」（エネルギーと食糧）です。2つとも、今の日本の最大の問題です。地球温暖化も差し迫っています。地球温暖化は農業に密接に関係する分野です。農業自身が世界的に大きな変化の時期です。テクノロジーの進歩も農業の分野で盛んです。同時に地域の土壌を知り、地域特性を大事にする農業も盛んです。

　農的アグリベンチャーは農業を核とする総合産業です（境新一編著『アグリ・ベンチャー』中央経済社）。総合産業という所がポイントです。生産、販売（直販含む）、農業体験、観光等、狭義の農業から観光までという事になります。1人では無理ですからチームという事が

多いようです。法人という事が多いです。

　法の改正で「法人」にも、色々あります。実情にフィットしたものを選択すると良いでしょう。法人で大切な事は「持続性」です。私の事を考えても、市民運動、ＮＰＯなどが不得意なのもこの「持続性」の分野です。見沼田んぼを保全し、パートナーが行政という事になると、「持続性」抜きの一代限りでは馴染みません。創設者の個人崇拝も大きな問題となります。

　大事なのは、この「持続性」と「縦割り」でない「多様性」です。行政で特に問題となるのは「縦割り」でない「多様性」の欠如傾向です。行政の縦割りは強固です。多くの問題が、重なり複合的側面を持つ、時代です。この御時世に「縦割り」だけでは問題の解決は出来ません。「縦割り」ではないとは異なる分野を横断し、となりの分野の成果や情報共有する事が大切です。この反対が「蛸壺」主義、「縦割り」です。

　アグリベンチャーは農業を核とする総合産業と言いました。生産物の売買、広告、お客様自身の実地体験や観光等々をやる農的ベンチャーが必要なのです。

　「大規模農業（主に広告や販売等を商社やスーパーがやる）と小さくて強い農業」（筆者注、こだわりを持つ有機等が多い）（広兼憲史著『島耕作の農業論』光文社新書）がありますが、アグリベンチャーは「小さくて強い農業」に属します（例えば本誌ルポや久松達央著『小さくて強い農業を作る』（晶文社）等）。

　最近、新潟県のシリコンバレーならぬ「ニューフードバレー」が有名です。新潟は米の産出額、枝豆、ナスの作付け面積、酒造の数など全国１位の農業県です。かねてから新潟経済同友会は「日本海側への

機能分散と拠点の創設——ニューフードバレーの推進」を提言して来ました。これを受け新潟市は「ニューフードバレー」を作りました。これは農業を核としながら商工業、交通、まちづくり等を連携し新しいビジネスを生み出す拠点、6次産業化を進めようとするものです。

　特に筆者が注目するのは新潟大学農学部、バイオ専門学校、薬科大学…といった学校が協力し商品開発からデザイン、宣伝等の知識を動員している事です。

　「ニューフードバレー」は「フード」（食）の「シリコンバレー」を目指しています。1次＋2次＋3次＝6次で農業を「6次産業」化しようとするものです。さいたま市にも、市と武蔵野銀行が協力し見沼に「6次産業研究会」があります。これを核とし見沼―美園付近に「ニューフードバレーさいたま」（仮称）を作りたいものです。

　また「アグリベンチャー」を見沼に創出するため、農業＝見沼で「創造性」と「資本」を結びつける機構の創出を強く望みたいものです。

　私の古い友人に、さいたま市にお住まいの原田誠司さんがいます。新潟県の長岡大学教授を定年退職後、川崎市のベンチャー関係のお仕事をしています。彼の古い論文（2008年「ベンチャー論と21世紀の起業家社会」）をベンチャー関係の方が引用しています（朝倉祐介著『論語と算盤と私』ダイヤモンド社）。「アグリベンチャー」の時代が来ているのです。

03

見沼のアグリベンチャー
——土地利用は農地・公園・緑地等のみ

　「こばやし農園」の小林弘治さんは見沼を「奇跡の大地」と言います。

　それは2つの奇跡です。第1に土地利用が「防災＝治水」の関係で「農地、公園、緑地等」に限られている事。第2は、徒歩で約30分の東側に多くの人の住む「美園副都心」が側にあり、さらにその先の大東京が、わずか約25km、電車で約30分の近さにある事です。

　土地利用制限がある事は大事です。土地の値上がりはベンチャーにとっては致命的です。農業以外の大資本が進出するからです。また、「近い」という事も重要です。そばに多くの人が住み、人を運ぶ「埼玉高速鉄道」がある事は、農業の収穫物の販売にしろ、農的観光にしろ、この2つはアグリベンチャーにとって絶好の条件です。

　埼玉県と当時の3市（川口、浦和、大宮）農家代表、環境保護団体代表、学識経験者等が委員となった「見沼田圃土地利用協議会」の満場一致の結論が決定しました。そして1995年以来「見沼三原則」に代わり、「見沼田圃の保全・活用・創造の基本方針」が埼玉県の方針となり、見沼の「土地利用」方針が決められたのです。

　この方針の特徴は「三原則」が「災害防止—治水」一本だったのに対し見沼田圃の意義を「災害防止—治水」に加え「緑、土、生物多様性、歴史的遺産等々」を積極的に評価し、土地利用を「農地・公園・緑地等」のみにした事です。

　私は、多くの人の命と財産を守る「治水」と「緑と土、生物多様性」

などは「アグリベンチャー」の「体験」等を含む大きな農的観光の必要条件だと思います。都会の中にある見沼の「里山的要素」は「商品価値」なのです。

　見沼田んぼでのアグリベンチャーを考える時、既存の農業か、新しい農業かどうかは、ここがポイントになります。どうしても必要なのは「エコ農業」「地域特性」「観光農業」「６次産業化」の４点です。

　次に見沼―日光御成道界隈＝美園地域（川口含む）の歴史的産業構成です。歴史的産業構成はアグリベンチャーの場合特に重要です。「適地、適作」という言葉がありますが、昔から、それぞれの土地に合った作物、品種を考える必要があります。

　「野方、里方」は青木義脩著『さいたま市の歴史と文化を知る本』（さきたま出版会）等でよく言われて来ました。私の家の近所の方は「野方、里方」に加え「島畑（しまっぱたけ）」とも言います。「里方」は、台地上で、屋敷林、平地林等で野菜、柿などの果物、サツマ等の穀物、苗木、花、お茶等の植木が盛んでした。「野方」は主に新田ですが、谷津は「島畑」といわれたようです。お米の後、花や野菜、しょうが、植木等も作られました。

　江戸の経済は「年貢」が基本ですが、大名の「年貢」の売り買いを中心に市場経済も大発展した時代でもありました。お米だけでなく他の換金作物の生産も活発だったそうです。通船堀を始め、綾瀬川、元荒川の水運が発達し、大消費地江戸を販路とした「赤山渋」（渋柿による防腐剤、水除け剤）、ブランド名は「安行」だが植木・苗木は川口を含めた美園やさいたま市緑区、見沼区、岩槻区なども、主たる生産地でした。日光御成道界隈が換金物を通じ江戸＝東京と直接繋っていた事は文化的にも大事な点です。他にも、里芋、とうがらし、しょ

うが、豆等々がありました。

　昔あった物を現代の目や別な世代の人が再定義し、現代的観点から商品化するのはアグリベンチャーの大事な視点です。その意味で、商品化の「デザイン」包装紙、宣伝等は極めて重要なポイントです。

　また見沼でのアグリベンチャーを考えた時「６次産業化」が大事だし「観光」が大きな集客力を持つ要素として考えねばならないでしょう。

　「６次産業化」は１＋２＋３で＝６とも、１×２×３＝６とも言いますが、ポイントは２次の製造業、３次のサービス業でしょう。従来の農家は、農産物の生産のみを担って来ましたが、より収益を上げるために製造、加工の２次、販売、体験等の観光の第３次が不可欠です。どちらも、どちらかというと従来の農家が不得手な分野です。

　製造、加工には、設備投資＝より大きな資本＝共同化が必要です。渋沢栄一流に言えば「合本」が必要です。「観光」で言えば「体験」が必要な地域遺産を案内する人、土や緑、歴史などが不可欠です。お客になる可能性の人は、美園ウイングシティ、「埼玉高速鉄道」の先の大東京にいます。これらの好条件、地域資源を、今の言葉で言えば「マネタイズ」（適正、正当なお金に代え利益を上げる）出来るかどうかです。一人の人間には得手不得手がありますので、やはり「合本」が必要なのでしょう。見沼の保全は、アグリベンチャーが成功するかどうかに大きくかかっていると思います。地元の人も新しい方も、見沼のアグリベンチャーを成功させてください。

04

社会問題の解決の場
──アグリベンチャーで雇用＝収入の場

　筆者の大好きな言葉に「計画を作るな、仕事を作れ」があります。私には耳の痛い言葉です。どれだけ「仕事」＝「報酬」を作って来たかと思うからです。必要なのは「計画作り」でなく「仕事＝報酬」作りだと思います。

　アグリベンチャーは見沼というフィールドを使い、仕事を作る場だと思います。ルポでお訪ねした多くの農園でパートで働く何人もの女性や高齢者の姿を見ました。見沼田んぼの農的空間はさいたま市の社会問題等の解消に使えます。

　手許に2018年7月30日付「毎日新聞」の「埼玉のコレスゴ」（これがすごい）の記事があります。いい記事なので手帳に入れています。「見沼田んぼ　治水の要に日本一の桜回廊、社会問題解決の糸口も」が見出しです。見沼田んぼの最大の役割は治水です。同時に緑や土、水など人間の「癒し」の機能を持っています。

　これからの可能性として同記事でも触れているように「高齢者雇用や少年の学びの場」としての可能性があると思います。現に「高齢者雇用」や「障害者の雇用」「女性の雇用」などが行われています。

　「シングルマザー」の雇用も大きなテーマと思います。見沼をさいたま市の社会問題等の解消の第一歩にしてゆくべきと思います。すでに実績として「福祉農園」などの取り組みがあります。またルポの「（株）ベストワーク丸」も障害者施設に仕事を卸しています。筆者も浦和大

学の先生方と協力し「ＭＳ懇談会」（見沼ソーシャルファーム）活動に取り組んでいます。メンバーとして、虐待などに苦しむ子供の居場所の「自立援助ホーム」や「高齢者養護施設」、植木や野菜で障害をもった人たちの雇用の場を作るため活動している方などが参加し「見沼田んぼの可能性」を実践の中から追求しています。

ところで「さいたま市の社会問題」の状況はどうでしょうか？統計がなくて素人の悲しさ、苦労しました。ちょっと古いのですが、元札幌市で活動していた古い友人の石澤利己氏（元札幌市「ライフ」理事長，現在水俣市）が昔作った資料をさいたま市に当てはめてみました。

2014年当時の安倍政権は「臨時福祉給付金」を作りました。住民税非課税世帯です。これで計算した当時さいたま市では「臨時福祉給付金」対象約14万人、生活保護者約２万人で生活困窮リスク者は計16万人です。当時の人口は約126万人ですから、７人に１人は「生活困窮リスク者」と推定されました。

現在（2022年）の市の人口は約126万人ですから変わっていない事になります。生活困窮者といっても、性別、年齢、家庭の状況、障害、高齢、シングルマザー、身体的、精神疾患等々、状況はまちまちでしょうから、全部見沼でというのは無理があります。仕事の適性も農業が全てではありません。でも何割かの人は農業が適しているかもしれません。

問題は「雇用」の場を作り出す事です。農業に向いた人にアルバイト、常勤等々の「雇用」の場を見沼に作り出す事です。「農的雇用の場」は「報酬」の場であり、他者から感謝される場です。見沼はその場であり、アグリベンチャーでは、すでに活動を始めています。今後の具体的活動の積み上げや、具体的研究の積み重ねが待たれます。

特にさいたま市では、様々な貧困問題、差別問題等々と、人間にとって「働く」という事と、農業問題と見沼の関係について従来の行政の縦割りを超えた取り組みが待たれるところです。

　特に、筆者の推測ですが、シングルマザーの貧困問題はさいたま市でも深刻だと思います。市では約1万人と推定しています。それは本人の問題であると同時に「子供」の問題でもあります。

　さいたま市の東部地域、緑区、見沼区、岩槻区等々では農業分野での人手不足があります。しかし通勤問題は深刻です。「給与や雇用形態」等々、需要と供給がマッチングしないケースもあります。今後、行政とアグリベンチャー、市民等々で解決していく課題が山積です。

05

見沼は子供達の宝
——景観・生物多様性を

　筆者の大好きな歌に「あの子の宝は何だろう」と歌う「中島みゆき」の「子供の宝」があります。そう、どんな子供にも大切な宝ものがあります。大昔、タイと日本の「ハーフ」の少年と見沼で田んぼ作りをやった時の事が今でも忘れられません。少年（今はもう結婚してますが）が下を向いた瞬間、胸のポケットから魚肉のソーセージが水の中に落ち、慌てて拾っていました。大人から見れば笑うような事でも、その子供にとっては「宝もの」です。「宝もの」を持つ子は幸せです。

　見沼に来た事がある子は幸せです。林の中に「秘密基地？」があります。田んぼの中には「泥んこ田んぼ」があります。畑や用水にもあります。「泥んこ田んぼ」はルポのページの「水田を応援する会」で触れました。これ以外にも見沼には「見沼ファーム21」や「じゃぶじゃぶラボ」等の「泥んこ田んぼ」などもあり、他でも準備中です。

　「泥んこ田んぼ」は子供達が水と泥の中を自由に遊ぶ、稲の植えていない田んぼの事です。田んぼは池や川、海より安全です。深くないからです。流れもありません。でも、子供等に「水」の怖さを学んで欲しいと思います。心配なのは子供たちが楽しくて長い時間、田んぼから出ない事です。水の冷たさ、風邪が心配です。田んぼの中にはザリガニや亀、蛙など色々な生きものがいます。生きものの名前、生態などの先生は大人気です。夏休みは、宿題の自然観察や日記で満員です。後で触れますが「バイオーム」も大いに役立ちます。見沼田んぼ

で「バイオーム」を使ったイベントも、アグリベンチャー（「合同会社十色」）さんの手で計画されています。

　皆さんはお米作りの１年を、ご存知ですか。稲になる比重の高いお米を選ぶ「塩水選」「苗作り」「田植え」「水管理」「草取り」「稲刈り」「脱穀」「天日干し」「籾摺り」、と見ているだけで面白い作業の連続で「お米」が出来上がります。田圃や畑には、やはり物語＝ドラマがあります。太陽はどこにもありますが、光が届くためには「広い空」が必要です。耕す「土」も「水」も必要です。私達のお米は「天日干し」です。見沼には「広い空」「耕す土」そして「世界施設遺産」となった「水」（見沼代用水）もあります。

　子供には、いや大人達にも「食べもの」がスーパーで作られる物でなく自然の土や水で育つ事を知って欲しいと思います。私たちはお手伝いするだけです。自分でもコーチさえいれば（コーチはいます）作れる事を体験してほしいと思います。

　レイチェル・カーソンは「センスオブワンダー」が必要と言いました。「自然」を知る「センス」です。見沼田んぼには、この「子供の宝もの」や「センスオブワンダー」があります。「自然」を大事にする心は、自分も「自然の一部」なのだという心を育てます。

　子供達が自然の中で遊び、人間以外の多様な生き物たちに触れる事の大事さは言うまでもありません。IUCN（国際自然保護連合）のレッドリストでは、約175万種の内６万5,518種が評価されています。その内約３割が絶滅危惧種に選定されているのです。多様な生き物の生態系サービスは歴史的に形成され私達人間が生きる上で欠かせません。にもかかわらず私達人間は目先の経済的利益のため、他の生き物の生息場所を奪い、絶滅させているのです。

特に日本では「里山」と言われる農的環境、特に多様な生息環境を持つ「田んぼ」が多くの生物の生きる場所になって来ましたが、それも急速に失われています。

　多様な生き物を知る所から、環境保護の第一歩は始まります。今度、絶好のアプリが開発された事を知りました。今、全国の子供に急速に普及してるそうです。筆者も、ことあるごとに推薦してますが、特に子供達には好評です。子供だけでなく大人にも必要なアプリ、商品名は「バイオーム」です。

　「バイオーム」は、生物多様性調査アプリです。これまで「レッドリスト」等製作の困難は少数の「専門家」と「多くの人たちの調査」の統一にありました。ところが「スマホ」の普及とアプリの開発は状況を大きく変えました。それは「スマホ」を使って写真を撮り、これを会社に送ると「名称」「写真」「生息環境」等々の情報がＡＩ（人工知能）で活用、分析され、送り返されて来ます。よく出来ているのは、これにゲーム感覚が加わり生物によるポイントを競うというものです。アプリを開発、製作した藤木庄五郎さんによると生物多様性を守るために「破壊」より「保全」が儲かる社会に多くの人、特に子供達が向かうように起業してベンチャーで会社を作ったとの事です。アプリには「動物」「植物」など国内確認の約９万種以上（2022年６月現在）に対応しているとの事です。これで我々は、自分達のフィールドの生物リスト作りをやれる訳です。多くの人の活用アイデアを相互交流して行きたいと思っています。

　浦和美園駅の西側、見沼田んぼには「道草道路」があり、周辺の学校の専門家が「自然学習」をやっているフィールド「第一調節池」もあります。天皇が皇太子時代に見学に来た「見沼通船堀」もあります。

　見沼には「子供達の宝」がいっぱいあるのです。

06

人生100年時代（高齢化）人生二毛作
——見沼の土と自然、農作業で体を、
歴史の勉強で頭を

「人生100年時代」。ポイントは「お金」と「健康」「生き甲斐」です。「健康」は体を動かす「運動」、日々の「食べ物」、「生き甲斐」は「やる事」と「人づきあい」、「地域社会」や「趣味」です。

そこで私は、「農業」と「自分の住む地域の歴史の勉強」の2つを勧めます。農業は体を動かし、食べ物を作ります。「生き甲斐」と「趣味」で、この地域の歴史の勉強、発表の場作りを勧めます。頭と体、実益を兼ねる「人生二毛作」が目標です。

野菜の美味しさは「シンプル」「新鮮」「旬」の3要素だと久松農園の久松達央氏は『キレイゴトぬきの農業論』（新潮新書）の中で述べています。自分が一緒に作るものが一番です。それがあなたの側、見沼にはあります。

さいたま市緑区美園の人口構成は30歳から40歳、50歳ぐらいの方に集中してます。子供さんが小学校、中学校くらいです。という事は約30年後の2050年には「美園ニュータウン」の方々も70歳近くなります。「高齢者」が人口の大きな比重を占めるのは、この地域でも同じです。

「ないないづくしの高齢者」という言葉をご存知ですか？「行くところが無い、やることが無い、話す人が居無い」ので「無い無いづくし」というのだそうです。「東大高齢社会総合研究機構」のセンター長（当時）、秋山弘子先生の言葉です。今「ジェロントロジー」（老年

学）が盛んです。「サクセスフル・エイジング」という研究・論文が
アメリカで大きな反響をよんでいます。

　この「東大高齢社会総合研究機構」が「人生二毛作」を目指し千葉
県柏市で「サクセスフル・エイジング」の理念である「高齢者が介護
されるだけでなく社会に貢献する事」を目指し様々な事業に取り組ん
でいます。

　例えば休耕地を市民農園にする、団地の屋上に車椅子でも入れる、
花や野菜のポット栽培の場にするなどの団地の建て替えも進行中です。

　そう「農業系」で花や野菜を作ろうというのです。休耕地の再生、
農業に通ずる地域社会参加の促進です。ルポにもありますが、まさに
「大人（高齢者）のクラブ活動」です。農業と障害者、女性、高齢者
などは相性が良いのです。「見沼」は「高齢化」時代に絶好ですね。

　「人生100年時代」「高齢化社会」が言われてからもう数年が経ちます。
現在進行中の「美園街作りプラン」では美園を「見沼の東の玄関口」
と位置づけました。またベンチャーの人たちが、とりあえず美園の（将
来は東京の）高齢者も対象にする水と緑、土を提供する「場作り」で
活動中です。広義の農業です。農業で頭と体を動かし、例えば、さき
の「バイオーム」でネットになれ、頭と体、メカを動かしてください。
「日光御成道界隈」や「見沼田んぼ」の自然観察、郷土の歴史のテー
マ設定（使い、調べるはあなた）も計画しています。

　「人生100年時代」に土地利用が下流の人たちの洪水対策という「公
益」のため「農地・公園・緑地等」に限定されている見沼という地域
の資産を最大限自分の人生を豊かにする資源として活用してください。

　農業は自然を相手とし、大切な食べ物を自分たちで作る生命系の仕
事です。植木や野菜、歴史の先生も、外国の方も含め育ちつつありま

す。こうした見沼と美園を舞台とする「アグリベンチャー」も「人生100年時代」に間に合うよう育ちつつあります。高齢者向きメニューも揃うでしょう。

　特に大事な事は「地域の資源＝条件はあるのか？」です。土地や水などです。土地を、なんとか農地に作るのは大変な事だし、水は簡単には来ません。それが、ここにはあります。「関東ローム層」の大地、延々利根川の取水口・行田付近から60kmで来る「見沼代用水」、ここには農業に適した自然があるのです。日光御成道界隈と見沼は「人生二毛作」に適した場所なのです。

07

水害頻発時代
——地球温暖化＝災害の時代で 見沼の治水機能再評価

　災害、特に大雨、洪水の問題は、近年深刻です。土砂崩れ、洪水、「線状降水帯」など「地球温暖化」の問題もあり各地で頻発しています。災害の問題は人命、財産に関わるだけに大問題です。見沼田んぼの最大のポイントは、この「治水」機能＝「遊水機能」の問題です。昔からの「見沼三原則」も、現在の「保全・活用・創造の基本方針」も、多くの人々の生命と財産を「水害」から守る「治水」機能問題を根本問題として作られました。

　見沼の地形的特徴は（1）「低い」（水が集まる—治水機能がある）（2）「広い」（1200haもある）（3）「近い」（東京からわずか30分）です、と述べました。当然（1）の「低い」は、「治水」見沼の場合、周りから水が集まる＝治水機能＝「遊水機能」を持ちます。

　個人的に強烈な体験をお話ししたいと思います。浸水—避難の体験です。川口に住んでいた、高校1年生の時でした。有名な規制＝「見沼三原則」が出来た年です。1958年の「狩野川台風」の時です。心配した荒川の堤防は決壊せず、にもかかわらず、次第に周りの水嵩が増し、家は浸かりました。近所の小学校の2階に祖母は避難、今は亡き父に背負われて水の中を行きました。飼っていた犬は、乗せられた風呂のふたが水に浮き大騒ぎでした。

　当時の保守系の栗原知事は見沼全域を、市街化調整区域・農地転用

は不許可・緑地保全などの「見沼三原則」を決めたのです。理由は「周りや、下流の人が洪水に遭うから」です。歴史に残る見事な決断だったと思います。

　見沼田んぼでは貯水機能の事を「遊水機能」といいます。「遊水機能」と「貯水機能」の違いは、単機能か複数機能かの違いにあります。「貯水」は水を貯めるだけ、「遊水」は水の出た洪水時と、洪水のない普段の時を使い分ける事にあります。普段は田んぼや畑などに使い、洪水時に水を貯めます。だから、この機能を阻害しない土地利用＝農地・公園・緑地等に限定されるのです。台風などの大量の降水時には水を貯め、下流の人々の生命や財産を水から守るのです。

　この時、筆者はやっと登校し浦和西高の屋上から見た、裏の見沼田んぼの光景は忘れられません。一面、海でした。この時、見沼は１千万ｔの水を貯水しました。「見沼が水を溜めなかったら」と思うとゾッとします。下流の川口や東京下町の人々の生命や財産も守る機能を見沼は果たしたのです。

　避難２回目は２日間日光御成道界隈の自宅から出られず、道は水没して通行禁止でした。もちろん私たちの田んぼは水浸しでした。

　３回目はシミュレーションの報道で「見沼がなかったら荒川は堤防決壊」のニュースです。

　人一人の一生で「３回」とは、少ない数ではありません。見沼の側に住んだ宿命なのでしょう。また、私が知らないだけで、見沼が浸水した事は数多くあったのでしょう。

　2019年の時の模様を伝えるものがあります。この時の模様を東浦和に住むジャーナリストの千葉利宏さんは「東洋経済オンライン」で「芝川氾濫も大半の住宅が難を逃れた背景—台風19号で見沼田んぼが果た

した役割」で報道しています。

この時、「渡良瀬遊水地」「首都圏外郭放水路」(通称—春日部の地下神殿)、横浜国際総合競技場（サッカーで有名）等、水を貯める遊水地等の役割が大きく見直されました。普段は「サッカー場」などの「遊水機能」で使われ、「貯水機能」を持つことが大きな役割を果たしました。

また、目立たないニュースもありました。「2020年の台風19号、荒川でも堤防決壊の可能性が…専門家解析」が報道されました。もし、見沼に水を貯める機能がなければ「荒川」の堤防が決壊していた可能性があったというシミュレーション結果です。

2021年4月「特定都市河川浸水被害対策法」の一部が、近年の災害、水害の多発を踏まえ、改定されました。災害新時代を踏まえての改定です。

ベストセラーになった斎藤幸平著『人新世の「資本論」』(集英社新書)の時代です。若い世代や私たちの子や孫は一体どんな時代に生き、どんな見沼を見るのでしょうか？心配です。私達世代の責任は重大です。

見沼３つの特徴

——個性ある地域と13の駅

　見沼には３つの地形的特徴があります。それは、先にも言った「深い」「広い」「近い」です。

　まず、「深い」です。場所によって違いますが、平均で約10m近く深い。ですから見沼田んぼは、遊水機能（治水機能）を持ち、東京の下町や埼玉南部の人たちを水害から守って来たのです。昔は「海」、その後、海と切れて大きな沼や湿地になりました。「池沼跡地」です。そして江戸時代、田んぼの時代になったのです。

　次に「近い」です。何から「近い」のか？埼玉南部の人口密集地帯や、東京都心から約25km、電車で約30分の距離です。都市の中の「緑の大地」です。

　最後に「広い」です。箱根芦ノ湖の２倍、蕨市、旧鳩ヶ谷市を合わせた広さがあります。最寄りの駅は13もあります。ＪＲが土呂、北大宮、大宮、埼玉新都心、与野、北浦和、浦和、南浦和、東浦和、東武が大宮公園、大和田、七里そして埼玉高速鉄道の浦和美園です。

　見沼は、懐が深く、色々な要素があります。例えば自然環境の豊かな所、農業の盛んな所、公園の多い所といった具合です。側に多くの人が住む地域もあれば、少ない地域もあります。農家が多い、都市住民が多い、混合しているとまちまちです。これによって活用の方法も様々という事になります。

　「さいたま市見沼田圃基本計画」（2011年）は北から「市民の森エリ

ア」「大宮公園エリア」「新都心東エリア」「中部エリア」「ふるさとエリア」「七里・加田屋エリア」「トラスト保全1号地エリア」「第1調節池エリア」の8つに分けています。

この「深い」「広い」「近い」は、人間の力ではどうにもなりません、自然の地形です。だから、この特徴を上手に使って行く必要があるのです。

まず、人命と財産は大事ですから「治水」機能は「保全」しなければなりません。「広い」は13も駅がありますから、それぞれ各地域の特徴を生かした「活用」の方法を「創造」しなければなりません。特に、多くの人の住む所や東京に「近い」事を充分活かさなければなりません。昔、遊水機能を保ちながら＝米を作り、それを運び、生活の糧（マネタイズ）として来た事は合理的だったのです。

また見沼の土地利用が農地、公園、緑地等に限られている事も、今後、営農の条件の改善、土地利用の制限の代償処置等々さらに検討してゆけば充分納得出来るものです。見沼の条件を生かし、見沼の収益化する作業＝マネタイズする事が求められているのです。見沼で食っていく＝稼がねばならないのです。その条件は充分あります。これを使いこなす工夫と努力が必要なのです。それは、まだ始まったばかりです。力を合わせ、知恵を絞りましょう。地域を活性化し、稼いで行くとはそういう事だと思います。

「地形的3つの特徴」「駅が13もある」「概ね8つぐらいの地域的特徴」を持つ、これらを生かして自分たちが主に活動するフィールドの特徴を踏まえ活動の方向性を考える必要があると思います。

時代の風
——見沼の土地は「売る」のでなく「使う」

　現在の時代の風は大きく見沼に吹いていると思います。これから益々そうなると思います。ここでは「土地に対する考え方」＝「見沼の（土地）に対する考え方」に絞って考えてみます。

　まず「土地に対する考え方」です。昔の行政の「見沼の規制緩和案」の背後にあったものです。先に触れたように、見沼田んぼの開発を制限した「見沼三原則」を撤廃、規制緩和する案が埼玉県から出され、私達と大論争になったのは1986〜87年頃でした。当時は「民活・規制緩和」が言われ、全国が「ゴルフ場とリゾートブーム」に沸いた時代でした。見沼でも「ゴルフ場導入計画」と「規制緩和案」が実現しそうでした。これに対し「生態系保護協会」や私が代表の「見沼田んぼ保全市民連絡会」等が反対の運動を展開、市民がこれに呼応、マスコミもこの運動と背景を熱心に伝えました。

　規制緩和案が出された背景に土地の「値段」の考えがありました。「規制」のある土地の値段は「安い」のです。自由に使える土地の値段は「高い」のです。

　「土地」には2つの役割があります。農家にも2つの顔があります。「土地を使ったものの生産」と「土地そのものの売り買い」です。土地で生産すれば農業や産業、土地そのものを売れば土地の売買人です。

　規制緩和の結果、水害が起き、緑や農的環境がなくなろうと目先の経済的価値を優先したのです。現在、全国で起きている災害はその時

の結果です。

　当時は、土地バブルの真っ只中で規制を緩和し、土地を高く売る事に日本全国が集中したのです。

　こうした世相を激しく批判していた司馬遼太郎氏はこれを嘆き『土地と日本人』（中央公論社）を出版しました。この本の中で松下幸之助氏は「（土地は）私有財産だが（人が生産し増やせない、天からの預かり物）、土地で儲けるビジネスはしない」と述べています。

　土地は人間が作る工業製品ではありません。当時は「見沼田んぼの土地は標高が低く、治水機能がある。周辺や下流に住む人のため開発規制が必要」と考えるような行政ではなかったのです。

　2021年の住民が大きな被害を受けた「熱海の地滑り」の例は、議会やマスコミや市民が行政を監視する大事さを改めて示しました。行政は、いつも「万能」ではありません。時代の風は色々吹きますが、議会や市民の監視、マスコミ等の自由な批判が大事なのです。歴史はその事の大事さを教えています。そういえば、私の「土地利用協議会」委員の就任で、埼玉県と1年近く揉めた事を思い出します。

　「強欲資本主義」や「行き過ぎたグローバリズム」等への反省、見直しも盛んです。後で触れます「ステークホルダー資本主義」や「ＣＳＶ経営」も言われています。日本でも2021年、ＮＨＫ大河ドラマで渋沢栄一が主人公になりました。

　川も森も土も、全てを「金儲け」の手段とする「強欲資本主義」が、あまりに地域環境を破壊したり、働く人の差別と格差を拡大した事に対する反省が広がっているのでしょう。「資本主義が駄目だから社会主義」で「一党と官僚と国家」の独裁では困ります。大体「〇〇主義」というのが間違いでしょう。人は「主義」に生きるのではなく「自分

と皆の幸せのため」生きるのです。

　「ステークホルダー資本主義」を簡単に要約すれば「株主」だけでなく従業員、行政、地域社会、環境等々の「ステークホルダー」＝利害関係人を重視し、その全てに貢献しなければならないとするものです。大事なのは、皆の利益です。「ＣＳＶ経営」も経済的価値と社会的価値を共に創造しようとするものです。公益や社会的価値は、例えば「地球環境」とか「治水機能」です。

　渋沢栄一は「合本主義」や「公益」「論語と算盤」などで、約百年も前から似かよった内容を言っていた事になります。ポイントは自由な情報の公開と市民の参加、批判が常にあるかどうかだと思います。

　「私（私企業）は肥大化　今作る新しい（公）」（2021年8月23日付「朝日新聞」・斎藤幸平著『人新世の「資本論」』）。時間はかかるでしょうが「新しい公」を作りたいものです。

　もう1つ最近の「武蔵野ブーム」に注目です。「角川文化振興財団」から『武蔵野樹林』という雑誌が新しく発刊になりました。最近では珍しい事です。この雑誌の地図に見沼田んぼが入っています。また所沢に「角川武蔵野ミュージアム」が出来ました。

　また「東北学」で有名な赤坂憲雄氏が『武蔵野をよむ』（岩波新書）を出しました。赤坂氏は今後「武蔵野学」の構築に取り組む決意だそうです。美園や見沼に残る武蔵野のイメージを大事にし観光資源として長く役立てたいものです。「武蔵野」の時代なのです。

ルポ① こばと農園
——野菜は美しい、自然栽培の仲間集める

　見沼で新規就農して「こばと農園」を開いた、田島友里子さんに見
沼への印象を聞きました。まず「人が近い」です。「人が近い」とは、
「お客（対話する人）が側にいる」という事です。田島さんは、見沼
に来る前、北海道で農業の修行を始め、結婚したパートナーの故郷、
さいたま市に来て見沼で「こばと農園」を開きました。

　農薬や肥料を使わない「自然栽培」です。ズッキーニやジャガイモ、
ニンジンなどを女性のパートさん等と収穫してます。「地方では有機、
自然栽培の言葉も、この辺のようには通用しませんから」と言います。
人が近い、食べる人と作る人が近いのです。「地産地消」という事です。

アグリベンチャーにとってこのとても有利な条件を、田島さんはフルに使っているという印象でした。見沼の農業はこの有利な条件を、どれだけ使いこなしているでしょうか?

　田島さんは「市場」があり、農協等へ出荷するという現在のシステムが、農家にとっては楽で儲かる条件と言います。同時に消費者にとっては、お金さえあれば、春夏秋冬食べたいものがいくらでも食べられるというシステムです。

　では、それが悪いのかというと、それは一面的だともいいます。このシステムのおかげで経済の高度成長前に比べ、随分楽に食べられるようになったといいます。しかし、食べる人の顔を見て作るとか、作る人の顔を見て食べるとかの関係はなくなり、「弊害」も多く出てきたといいます。現在が「時代の変わり目」だからだと言うのです。聞いていて、なるほどと思いました。特に古い「政治」の世界は多くの人を説得するため、ある一面を強調します。すると一面的な事が多くなります。若者が「政治」離れするはずだと思いました。物事には、必ずプラス面とマイナス面があり現在、ひずみが多く露呈しているのです。そして、このひずみ、マイナス面を埋めるのが「アグリベンチャー」だと思いました。

　田島さんは美術系大学院を卒業しています。筆者が聞きたいと思ったのは一見縁遠い美術と農業の関係です。「食べる、暖まる、寝る」という要求と絵、音楽、書、小説、喋る等の「文化」とは、人間の2つの分野での要求で、自分の場合、それが「絵」と「農業」だったと田島さんは言います。

　絵の素材は多くの場合「自然」の中に「美しさ」を見つける事が多いそうです。農業も日々、自然の中に美しさを見つけた事が多いとい

います。農業が相手にする自然は、例えば、あの「黄金比」に満ちあふれているそうです。

　「人間の価値観」「生きる実感」「シンプル」という言葉がとても印象に残りました。田島さんが「人間の価値観」として、「生きる実感」を求め「シンプル」に生きようとして「農業」を選んだのだと思いました。

　そして、そんな価値観を友達と共有するため、自分と子どもが食べて行くため「有機の野菜」は欠かせないというのです。将来「法人化」したいと言っていたのも印象に残りました。

さいたま有機都市計画

SAITAMA ORGANIC CITY PLANNING

　もう1つ「さいたま有機都市計画」に注目しました。色々なイベントや共同の仕事も、これらのために欠かせない舞台なのです。さいたま市で有機農業をやっている若手農家が集まり、「さいたま有機都市計画」を作り、田島さんが代表を勤めています。直売所やオンラインで販売している若手農家が集まり、共同、交流して行こうというものです。2011年3月には、お客さんを呼び「畑でマルシェとお弁当」を開催、メンバーの作った野菜の即売や当日限定のお弁当は予約も含め200個近くが売れたそうです。

　「ヨーロッパ野菜研究会」が有名ですが、「さいたま有機都市計画」も「さいたま市と言えば有機の街」にしたいそうです。「見沼と言えば有機の野菜」になれば素敵ですね。午後2時半、子供をお迎えに行く時間だというので、もっとお聞きしたいのですが、農園を後にしました。

11

ルポ② こばやし農園
——見沼で穴掘り、土壌調査、CF（クラウドファンディング）でデザイン戦略

　「こばやし農園」は、見沼の新田開発をした井沢弥惣兵衛が宿所にした「万年寺」のすぐ裏にあります。小林弘治さんは旧浦和市大原の生活で見沼田んぼを見て育ち、本書でルポした三宅将喜さんの農場で研修、2014年に新規就農、2017年に「株式会社こばやし農園」を法人化し、現在数名のパートさん達と「見沼野菜」を育て、直売所をやっています。

小林さんの所に伺ったり、ホームページ等を見て感じるのは宣伝の多彩さです。ロゴマーク、ブランド化、機関紙や写真等々です。一例を紹介しましょう。まず「見沼野菜」というブランドです。このキーワードは

　　・「奇跡の土地」（見沼田んぼが都市に近く、農地が残る！）カッコ
　　　内は筆者の解説です。

　　・「奇跡の野菜」（土壌を生かし無農薬、無肥料の自然栽培！）

　　・「土壌を活かした栽培」（見沼の土中の水と有機物に注目！）

　　・「見沼野菜宣言」（商品登録と見沼の活性化に貢献！）

の４つです。

　「見沼野菜」のブランドを活かすため「見沼野菜」や段ボールのロゴマーク、見沼野菜ハンドブック「見沼野菜」宣言の発行（ちなみにこれらの制作費用は「クラウドファンディング」（群衆と資金調達を

組み合わせた造語。不特定多数の人から事業の目的を支援する財源の提供を求める仕組み。最近多くの事業で試みられている）で支援金を集めたという事です。

このような、宣伝の基礎には、野菜作りの「こだわり」と、これを裏付ける確固たる調査と経験があります。まず「無農薬・無化学肥料で野菜を作る」というポリシーです。そのため三宅さんの「風の谷農場」で実習しました。

2020年には、埼玉県農林部農林振興センターの協力のもとに見沼田んぼを掘り返し「土壌調査」をやりました。結果は、水分が多く、スクモ層やマコモ層が多い結果でした。「地中に有機物の層、天然の肥料が、野菜の種類によっては高畝等が必要だが出来る。都市部に近いので小規模で多様な農業が可能」という事でした（「見沼野菜宣言」三宅さんと小林さんの対談）。

また、田んぼもやりたいそうです。「見沼田んぼ」の名に恥じない「田んぼ」もベンチャーの方の手で再生して行くかもしれません。その時「見沼代用水」を使いたいそうです。ちなみに先人たちが苦労して作った農業用水はなんと毛細血管の様に、地球7回り半もあるそうです。この大事な財産を上手に引き継ぎたいですね。「見沼代用水」は、日本で37施設目の「世界かんがい施設遺産」の認定を受けました。

また、小林さんは一緒に暮らすパートナーの「ビオラ演奏」が「見沼野菜」と同じぐらい好きだそうです。前のお仕事はテレビ関係だったそうです。

また、見沼が大昔は「海」、その後「沼」、そして「新田」へ、見沼と信仰、伝説等々についても詳しいです。先の「見沼野菜宣言」の『見沼野菜ハンドブック』には、さいたま市立博物館の野尻靖学芸員（当時）

が寄稿しています。

　作付け面積約1.4haで、直売、体験イベント、郵送等々をやっています。小林さんは、見沼たんぼへの提言として「見沼全域の農薬、化学肥料不使用とオーガニック農業地帯へ」そのため「環境の保全」「農業の競争力」「観光」をあげ、地域価値の最大化を提言しています。

　見沼田んぼの土の掘り返し、調査は素晴らしいと思います。また見沼たんぼの歴史を多くの人に伝えようとする姿勢も貴重なものです。「見沼野菜」の付加価値として、他に「生き物のリスト」や「見沼の里山の景観」等も大きな付加価値となります。小林さんと話していて、人は「美味しい」から「見沼野菜」を食べるのですが、同時に「見沼野菜」が出来る「物語」や「景観」も消費する（食べる）のだと思いました。見沼の「生物多様性」も、大事な「商品」だと思いました。

　「無農薬・無化学肥料」だけでなく見沼田んぼ自身が、商品であり、商品価値のあるものだと思います。日本全体の農業に欠けているものを痛感しました。私たちはそれを持っているのです。

12

ルポ③ 風の谷農場
——アグリベンチャーの草分け、技術の伝承も

　筆者は若い頃「風の谷のナウシカ」の映画を見て感激しました。友達と泣きながら、感想を語り合った事を昨日のように思い出します。同じ「風の谷」です。「風の谷農場」の三宅将喜さんに会うのは、十数年ぶりです。三宅さんは見沼の非農家出身で「農業」＝「有機農業」を始めた「老舗」です。

　三宅さんの引っ越した、新しい家を見た時、思わず涙が出そうになりました。私の家と良く似て、はるかに立派な木の家です。農業で起業した人が、一番困り、欲しがるのは収穫物を収納したりする作業場です。作業場の隣にはトラクターなどの駐車場、2階には研修生などが生活する場。筆者の高校の後輩の三宅さんの相棒も元気でした。

　何故、私が泣きそうに？ここまで見沼で農業でやって来た、三宅夫婦の苦労、大変さ、そして一応（ごめんなさい！）家や作業場を作れるようになった長い道のりを想像し涙が出そうになったのです。同時に、見沼で「起業」した前例が、三宅さんで成功して（一応）本当に良かったと思いました。後に続く「見沼のアグリベンチャー」の人たちをどんなに励ますことでしょうか。勇気を与えるでしょうか。と思いました。

　三宅さんの紹介を雑誌『美園』で見ました。三宅さんが「有機野菜」の販路を拡大して行くために、見沼での耕作するための土地や、販路拡大が人口拡大する美園副都心での大きな役割を果たしたのだと思い

ます。

「風の谷農場」の三宅さんと会うのは10年ぶりです。昔、見沼で無農薬で農業をやりたいという三宅さんの家まで行ったり、自宅まで来てもらったりしました。まだ、その頃は、見沼でアグリベンチャーの機運が今ほどでなく、なんのお手伝いも出来なかった苦い思い出があります。

特に、野菜等の収穫が同時期に多くとれてしまいます。例えば「トマト」等が加工出来ないとか、農地を借りるなど何のお手伝いも出来なかった事が、無力で悲しい思い出として残っています。

三宅さんは、アジアを旅し、田舎を旅した時、子供たちが元気で、家族で畑を耕し、自然の中で暮らしているのを見て憧れました。農業を志し、所沢で研修「見沼」を紹介されました。農地として保護され、土地利用が「防災＝貯水機能」のため「農地・公園・緑地等に制限さ

れている」事が素晴らしいと思ったそうです。そして、この広大な農地が、市街地や東京のすぐそばにある事に感動したそうです。

　現在、三宅さんは60種類以上の作物を栽培しています。農薬・化学肥料を一切使わない「有機野菜」です。これを「季節のお野菜宅急便」として販売してます。高台の美園の台地と低地の見沼の両方で、栽培をしています。

　三宅さんは「多くの人が化学肥料をやりすぎる」と言います。肥料をやりすぎると虫が増えるそうです。家に帰って昔、農園で苦労した著者のカミさんに話聞きました。その通りで、カミさんの場合、それで失敗したそうです。

　三宅さんは、見沼は風の通り道で、気温も市街地より低い（現に筆者の自宅の場合、約2℃低い）、見沼の場合、土中に水分が多く、マコモ層で、肥料も多いとの話です。この辺の話は、三宅さんの家で研修した「こばやし農園」の小林さんのルポのところで、小林さんが実際、田んぼを掘り、三宅さんと対談しています。

　最後に三宅さんは「この地区の、自然の豊かさと都市の便利さ」を強調しました。それと「組織より家族が大事」を強調したのがとても印象に残りました。また三宅さんが「さいたま市の指導農家」であり、「研修生」を受け入れ、家を作っている事も知りました。自然栽培の農業のスタイルを研修、起業しようとする若者の多くの技術の継承システムが成立している事にも感動しました。

　帰りに三宅さんのパートナー愛子さんが作り、お店に降ろしているパウンドケーキと玉ねぎのお土産をもらいました。パウンドケーキは著者の家のカミさんの数少ない贅沢だそうです。

ルポ④ 合同会社 十色
——激辛唐辛子、唐辛子は昔の見沼の特産、
名前は「十人十色」から

　「合同会社十色（といろ）」のサカール祥子さんはハンガリー人のパートナー
と暮らす、２人の子供のお母さんです。インタビューというものは、
誰であれ、する側が、色々教えられる事の多いものです。中でもサカー
ルさんは、それが多い人でした。

　サカールさんは「見沼保全の継続性」「保全を担う世代の問題」を
強調しました。そしてそれをやるため「合同会社」を立ち上げるつも
りと言いました。ショックでした。恥ずかしながら私は「継続性」も
「世代問題」も「会社（株式であれ合同であれ）というスタイル」も、
これまで、見沼保全のシステムとして、多く考えなかったからです。
ところが、最近は違います。なぜ「会社」というスタイルを取るか？
筆者の年齢は79歳です。「世代問題」も、「継続性」も考えざるを得ま
せん。これらを考えて、エネルギーの配分先を考えなければなりませ
ん。サカールさんは、見沼で正当な収入を得て、これで日々の暮らし
をたて、代わりに「農的サービス」を提供すると言うのです。正当な
収入で生活、きちんと対価としてサービスを提供します。見沼の公的
機能である「治水機能」を大事にするのは当然どころか、それが、自
分らの提供する「農的サービス」の中身です。

　私たちの世代では、他の職業で収入を得て、暮らしの糧とし、ボラ
ンティアや、定年後に頑張るなどしました。ですから、見沼の保全運

動で頑張る人には「議員」とか「公務員」、「定年後」「余暇」等々の人が多かったのです。それは「長所」でもあり「短所」でもありました。

　見沼の全1200ha保全のためには、これまでの理屈では、行政が全部を公有地化するしかありません。だから昔は「遊水地」として、普段はお米を作り販売、水害の危険のある時は、「遊水地」にしたのです。

　サカールさんは、収入を得るためにも、農的環境や自然、歴史等の環境は必須といいます。話していて、これは、農業などの1次産業に基礎を置く、農的3次産業（サービス業）だと思いました。私達にとって6次産業は必須です。

　「十色」は生物の生息環境を守る事に熱心です。「ＳＤＧｓ」という事ももちろんあるのですが「生物の生息環境」は商品価値だからです。作物はどんな環境で作られているか、どこで農作業を体験するか等は見沼の環境と無縁ではありません。

「農的観光」を全く考慮しない農地や用水の都市的工事の無配慮な展開は慎むのは常識です。農水省は2018年の「土地改良法」の改正以降「事業実施の手引き」を発行「農村は豊かな自然環境の宝庫、環境に配慮して調査、設計し行わねばならない」としています。

　サカールさんの作った合同会社が、１年を通して会員となり、畑や田んぼの「農業体験」「収穫」、美園に会場を借りての「食育」などをやろうとしているのはポストコロナで予想される「エッセンシャルワーク」（主に医療・福祉、福祉、農業などの職種）です。合同会社の名前「十色」は「十人十色（じゅうにんといろ）」からとった事を「毎日新聞」（2003年８月21日付）で知りました。生物多様性や景観は、観光的農業には絶対必要だそうです。「売り」の「唐辛子」も昔、見沼─日光御成道界隈の特産品だったそうです。

　サカールさんから、ビラが届きました。素敵なデザインです。「合同会社十色」のマークも素敵です。聞けば親戚のデザイン専門家とのことです。

　サカールさんの出身大学は「東京農大」です。学生の実習、研究者の協力も大きいようです。

　アプリ「バイオーム」を使ったイベントもアプリの会社から人を呼んで実地研修をやる予定だそうです。

　サカール祥子さんは「SAITAMA Smile Woman ピッチ2021」で約100人の参加者の中から「審査員特別賞」を受賞しました。「SAITAMA Smile Woman ピッチ2021」は埼玉県が「女性起業家」の支援、育成を目指し、開いているものです。

　「十色」の見沼田んぼでの活動や、計画、目標等のスピーチが高く評価されたものです。

14

ルポ⑤ NPO じゃぶじゃぶラボ
──高齢者の地域包括ケアと子供達の遊び場を通しての勉強

「じゃぶじゃぶラボ」の結成は2008年です。もう13年になります。今では埼玉県の公有地、地主さんからの委託も含め、計5反（約0.5ha）の「田んぼ」をやっています。なぜ「田んぼ」を続けて来たのか聞いてみました。NPO法人じゃぶじゃぶラボの小林節子理事長によると、今では、見沼全体で田んぼがわずか約6％しかなく貴重な存在だとの事。でも「見沼代用水」があり「水」が多くある低地だからとの事です。名前の「じゃぶじゃぶ」も「水が多くある。水っぽい…」事を表しているそうです。

多くの人、特に都市の市民に田んぼは人気があります。その訳は、1年を通じ、水があり、田んぼの稲の成長、用水、等々色々な環境や多くの生き物の生息、景観の中で仕事が出来る事です。そして「水遊び」や「百姓」と言われるくらい、お米が出来るまでの色々な種類の仕事（水路や池作り…など）があり、得手不得手のある多くの人の協力が欠かせないそうです。役に立たない仕事はないそうで、年齢、体力など、それぞれ人にあった仕事を見つけるのがリーダーの1つの仕事だそうです。

「じゃぶじゃぶラボ」は、長い年月の中で純粋の「じゃぶじゃぶラボ」と、条件に応じて各団体への田んぼの貸し出しの斡旋も行っています。農法も不耕起とそれ以外も各団体の自由です。また、水路の管理、希

少種や景観の保全等々は共同してやっています。

　耕起しない「不耕起」の田んぼが基本だという事で、代表の小林さんは3年間も毎週、千葉の佐原まで、不耕起田んぼの考案者、故岩澤信夫さんの実習を受けにパートナーと通ったそうです。「不耕起」にこだわった理由は簡単です。それは稲を育てる事と生物多様性の2つにこだわったからです。

　小林さんは、私たちの田んぼは、高齢者の地域包括ケア（仕事、趣味、体を動かす等）と、子供達の遊び場を通しての勉強（稲を育てる、水遊び、地域の歴史—見沼が教科書に等）に貢献していますと言います。

　また、田んぼや農業の実践を通じ、見沼の治水機能や生物多様性、景観等々の「公益」を守り受け継いで行こうとしています。それは後で述べる起業のイベントに来るお客さんによって加速しているようです。

　課題は「じゃぶじゃぶラボ」の世代交代をスムースにする事で2021年に嬉しい事があったそうです。それは田んぼを使い女性起業家が生まれ、多くの人を集めている事だそうです。

15

ルポ⑥ NPOアンロードと(株)環境サミット
──お茶摘み、竹炭作りで人集め

　アンロードの加倉井聖子さんたちの活動は、「懐かしい未来」を「見沼を使って実現する試み」だと思いました。加倉井さんは、見沼田んぼと台地の日光御成道界隈の両方で活動してます。見沼では、畑作り、台地では、竹の炭作り体験、お茶摘みとお茶作り体験、「食育」と多彩です。

　またユニークな活動として「音育」（オンイク）もやっています。子供達に音楽を聞かせ「音感」を育てる活動です。

　加倉井さんは「社会福祉士」です。埼玉県立大学で「障害

者雇用」の研究をしています。将来、見沼で、障害者雇用を進めたいと希望を語っていました。加倉井さんのお父さん、お母さんの２人とも見沼保全の活動を進めています。トラスト地の管理や湿地の保全、農地の管理等を進めるＮＰＯ法人エコ・エコの中心です。お父さん、お母さんも筆者より年下です。ですから加倉井さんは筆者の子供の世代という事になります。色々話していてフィーリングが異なるのは、行政の姿勢の評価でした。一言で言えば、筆者から見れば、加倉井さんは「やさしく」、筆者は「厳しい」という事です。「生物多様性」や「ＳＤＧｓ」（持続可能な開発目標）「環境」等々での行政の姿勢の評

価です。この間の歴史の進歩であり、見沼で直面して来た課題の差だと感じました。

　行政の姿勢の変化も大きなものと思いました。加倉井さんと話した後、反省も含め世代の差による「感覚」の違いを感じました。

　もう1つ、強く印象に残ったのは、「株式会社」を立ち上げたいとの事です。理由としては「雇用」の問題と「継続性」の課題だといいます。「非正規雇用」を減らす事と、活動に「雇用」と「継続性」を持たせたいのだといいます。大賛成です。

　多岐に渡る目標があるようですが、人を集めるのは得意の加倉井さんです。これらの課題が、有機的に連動する事を願ってやみません。また、個人的にも、研究活動と実践的にも両立されているようですが、見沼田んぼの突きつける課題に答えるような研究活動の成功を祈ってやみません。その成果は多くの人の指針となるでしょう。

　またイベントの場所として、トラスト地や丸志伸さんの自宅の敷地などと連携しています。加倉井さん達の企画力や発想力、人集めの力等と見沼や日光御成道界隈の地域が結びつくと思います。

　もう一つは、加倉井さんの埼玉県立大学での研究活動との関連です。研究活動と具体的イベント等は、矛盾する事もありますが、うまく運用すればサカールさんの所でも、触れましたが学問的研究活動の成果は、実践でも大いに役立ちます。この点で加倉井さんの役割には期待する所が大です。

16

ルポ⑦ （株）ベストワーク丸
──「日光御成道」と「見沼」をつなぐ

　丸志伸さんの（株）ベストワーク丸は「見沼自然公園」の直ぐ側に
あります。「見沼」と「綾瀬川」に挟まれた台地で「日光御成道」に
面しています。綾瀬川と低地（見沼）に挟まれ暮らしやすい土地だっ
たのでしょう。この家の敷地からは縄文時代の貝塚などの遺跡が数多
く出土しています。

　私が丸さんにあったのは、近所の植木屋さんの紹介です。植木の「挿
し木」の技術を勉強し、市場への出荷方法などを教えてもらうという
ことでした。

　次に会ったのは「浦和大学」の構内です。丸さんは懸命に働いてい
ました。構内の植え込みから「挿し木」に合う木の枝を切っていたの
です。それを「挿し木」し、根を作り、３本の木で小さな盆栽にする
というのです。盆栽の名は「絆」だそうです。家族の絆、仲間の絆な
ど。挿し木の原木の枝は大宮氷川神社、浦和大学などで剪定する木の
枝をもらうのだと言っていました。この盆栽を育てることを通じ、家
族や仲間の「絆」を一層育てようとしています。

　工夫はもっとあります。盆栽は小さいです。重さも普通の植木より
遥かに軽いのです。これなら力の弱い人でも十分扱えます。障害を
持った人も同様です。最初の頃は障害を持った人（障害の内容にかか
わらず）が丸さんの家にやって来て作業していました。現在は障害の
内容により、一律でなく、障害者の施設に丸さんが材料を運び作業す

ることが多いそうです。そして丸さんに言わせれば「デリバリー型作業」というのだそうです。「足を靴に合わせるのでなく、靴を足に合わせる」のです。会社の都合、リズムに働く人間が合わせるのでなく、人間の都合、個性に会社が合わせるのです。それが本当の「働き方改革」でしょう。

　もう1つ大事なのは丸さんの家の広い敷地を利用して体験型の各種イベント開催が構想され、一部実践されています。例えば「栗拾い体

験」です。丸さん夫婦が栗拾いを行いました。拾った栗は「埼玉高速鉄道」の駅で売ったそうです。2018、19年と2年続きで、2時間で完売したそうです。

　私が丸さんの話で注目するのは、「技術の伝承」と「障害者の仕事作り」です。「技術の伝承」では放っておけば失われてしまう植木の技術の伝承、後継者づくりをやっています。「挿し木」の技術がそうです。植木の技術は安行や見沼周辺の大変な技術遺産です。ただこのままでは農業の衰退とともに植木の技術も絶えてしまいます。

　次は障害を持った人々に「デリバリー型作業」で仕事と一定の収入をもたらしていることです。（ア）丸さんの家に来て作業する、（イ）丸さんが挿し木の原材料をデリバリーする、（ウ）この中間、両方の組み合わせの3形態です。この3種は障害の内容や原材料、完成品などの置き場の有無などで判断されます。労働して他者から感謝されること、対価を稼げることはどんな障害者も望んでいることです。問題

お茶摘み体験

はこうした就労の場とこれをコーディネートし市場に持ち込む人が少ないことです。

　いろいろな人がいろいろな力を持っています。見沼の多様さを「言語化」し情報発信が得意な人もいれば、具体的作業は得意だが「言語化」し情報発信は不得手な人もいます。丸さんは両方できる数少ない「仲介者」です。この貴重な「仲介者」の成功を願ってやみません。

　丸さんの話の最後は「見沼の資産を生かした活用方法がもう1つ具体化出来ず、広まらないのも言語化、映像化などの情報発信が不得意だからでは」と耳の痛い話になってしまいました。本当にそうです。

　「美園ウイングシティ」の検討会にも加わり、長年、丸さんはウイングシティと農業と見沼を結ぶ努力をして来ました。

17

ルポ⑧

（株）オーガニック・ハーベスト丸山
──スマート農業（出来るだけ機械を使う）、
売り先はデパート

　「オーガニック・ハーベスト丸山」の丸山文隆さんとは東武野田線大和田駅で待ち合わせをしました。この駅は人が多いのがまず目を引きました。さいたま市見沼区の昼夜間人口比は102で昼間人口の方が多いそうです。見沼田んぼの北端「市民の森」と「大和田公園」「七里駅」近くの見沼田んぼはすぐそばです。丸山さんも見沼に土地を持ち、また遊休の土地を集約しているのです。見沼区役所玄関で開催中の「みぬまマルシェ」（市場）に案内されました。広場で農家の野菜などの販売会をやっていました。お客さんの食卓と見沼の農地の距離は意外と近いようです。

　「オーガニック・ハーベスト丸山」のテーマは「命の大切さ」「食育」「コミュニティー」「環境」「楽しく儲かる農業」の５つです。この５つのテーマのもとに（１）人材育成（２）不耕作地の借り入れ（３）多品目露地野菜（４）低農薬、有機肥料（５）機械化、省力化（６）地産地消（７）体験型農業（８）食を介した絆などを進めています。

　雇用している人は７〜10名、耕作面積は約７ha、栽培品目は米と野菜からキャベツ、ブロッコリー、サニーレタス、白菜、ほうれん草、大根、人参、サツマイモ、ナス、ピーマン、モロヘイヤ、ラディッシュ

などです。出荷先は、そごう大宮店、高島屋、ヤオコー、マミーマート、マルエツ、農協、学校給食、レストラン等と本格的都市型農業です。

　丸山さんは前の仕事は「市の農政課長」と家が「地元の名門」という、この2つを生かせる幅広い農政の知識とこれを地域で実行出来る力を持つ貴重な存在だと思いました。

　目に付いたのは「自動野菜定植機」「種まき機」「野菜洗浄機」等の機械です。「機械化」「省力化」などの「スマート農業」（ロボットや情報通信技術を活用した農業）化は若い人達の雇用には大事だそうです。

　穫れた「お米」や「野菜」は、卸したり、直接売ったりです。安心・安全な食へのニーズの高まり、周りの人々へ「都市型農業」の利点を最大限利用しています。丸山さんは「都市型農業」の特徴の優れた点として（1）生産地と消費地の近接等から（2）利益率が高く生産農家の争奪戦さえあるといいます。

　筆者の見た所、環境保護のNGOや区役所始め周辺との協調、デパー

ト等周辺への営業や売りやすい品目の開発や営業、若い人を雇用出来るだけの「ビジョン」と「機械化、省力化」等の推進、食える給料を払えるだけの「儲かる農業」の展開がやれているからだと思いました。

　もうひとつ印象的だったのは、小学生の「チャレンジスクール」、中学生の職業体験や「未来くるくるワーク」等の農業体験、保育園の親子農業体験、各種団体の農業体験等が盛んな事です。種植え、収穫等の体験、田んぼの整備や貸し出し、日常の管理の請け負いなどです。まことに多角的農業です。「百姓」とは良く言ったものです。１次から６次までやっている事が印象的でした。

　丸山さんは「見沼田んぼ」が最大の商品だと言います。見沼の歴史や自然、地形などにも大変詳しいです。「未来遺産」や市民のボランティア、市民団体の情報にも詳しいです。

　「見沼は一番知名度のある商品だ。」「この見沼をもうけの場として使わないのは損です」が筆者の感想です。今夜は丸山農園でいただいた野菜で鍋にします。

18

ルポ⑨ ファームインさぎ山「母ちゃん塾」
——老舗、見沼(農村)のライフスタイル広げる、結婚式はここで

　「母ちゃん塾」を訪れたのは2019年11月中旬の寒い日でした。お宅は昔の「野田の鷺山」です。「見沼自然公園」「見沼キャンプ場」「さいたま市野外交流センター」の側です。行った時ちょうど、掘った「八つ頭」の茎と芋を切りはなす作業の真っ最中でした。「八つ頭」の茎は「ズイキ」といって、皮を剥いて干しておくと保存が効き食物繊維100％の食べものです。これを食べると体の調子を整えてくれると昔から好まれていました。この辺の食文化です。「母ちゃん塾」の萩原さとみさんは見沼の食文化を広め、継承する運動をやっています。息子さんと2人で農業をやり、家と周りの農地だけでも2町歩(約2ha)あります。先年、ご主人を亡くされましたが、極めて元気です。他からお嫁に来たのですが行政や保育園や幼稚園などの教育団体と連携しながら、農のある暮らしを伝え農村文化を内外に発信しています。

　萩原さんとは長い付き合いです。30年近く前、私たちは見沼でキャンプをしました。その時、地元から参加してくれたのが萩原さんです。その後、田植えの苗をもらったり、色々お世話になりぱなしです。

　「母ちゃん塾」で、やっている事はいくつかあります。萩原さんの多彩な農村食でもてなす各種パーティー等です。近くの川で取れた魚を煮炊きする火燃しは、亡くなったご主人の仕事でした。市民や保育園・幼稚園が農業体験する「田んぼ」や「畑」の管理や指導も大きな

仕事です。そしてお米や農産物の販売などもやっています。自宅である農村の民家を使った結婚式を始め、また見沼や農家の暮らしなどの内容の講演も大事な仕事となっています。

　私が訪ねたのは、2019年の台風19号のすぐ後でした。水害の話になりました。見沼はほぼ全域が水を溜めました。台風で話題になったのは「遊水地」の存在です。渡良瀬遊水地、春日部の地下神殿、ラグビー会場で有名になった横浜鶴見川の「鶴見川多目的遊水地」等です。普段は公園、駐車場、ラグビー場などに使われていますが洪水時には水を貯めます。渡良瀬遊水地などはなんと東京ドーム約130杯分の水を溜めたと言います。見沼田んぼも遊水地で、1千万tの水を溜めます。そのおかげで下流の川口市を始めとする地域、東京ゼロメートル地帯などは無事なのです。朝日新聞の『アエラ』によると都心は「危機一髪」だったそうです。また「東洋経済」のネット版は台風19号当時の見沼田んぼの状況を報告しました。

　萩原さんは言います。「見沼たんぼの遊水機能を考えて、見沼の農産物をもっと買うべき‥‥」と強調します。

　また台風15号時の大停電も話題になりました。トイレ、煮炊き、風呂、パソコン、水、照明等すべてのエ

ネルギーを電力に頼っている「都市型ライフスタイル」は今や農村まで覆い尽くそうとしています。「これで良いはずはない」と萩原さんは強調します。

　また「人生100年時代」にもかかわらずお年寄りや子供の仕事はありません。萩原さんは、今の年寄りは「おばすて山に捨てられている」のだと言います。今の年寄りはやることがなく「生き甲斐」がないのだと言うのです。

　これが「都会（全体の）ライフスタイル」で、これと対照的なのが、昔の農村のライフスタイルだと言うのです。「農村文化に学び目にする場が見沼にはまだある。今度出来る予定の市の農業系公園もこうした機能を持って欲しい」と萩原さんは強調します。

　昔の農村の「生産や生活の知恵」を学べる場—見沼が都会の中、すぐ側にあるのです。これを売り物（商品）にしない手はありません。それが「保全・活用・創造」の「活用」だと思います。時代はそこに来ているのです。

　萩原さんと話していて感じるのは「外部の目」です。萩原さんは美園へ、お嫁に来ました。以前に地域興しをするためには「余所者、若者、馬鹿者の三者が必要」という言葉を聞きました。地域を活性化するためには「その地域の、特定の世代の目」だけでなく「外部からの目」「若者の目」が必要だ。そして「愚直にやり続ける馬鹿者の目」が必要だという意味です。その通りだと思います。

　伝統を重んじながらも、新しい血が適度に必要なのです。それがここにはあると思いました。

19

ルポ⑩ みぬま夢らくど
──地元の野菜産直、売り手と買い手の会話弾む

　筆者の自宅のそばに産直のお店があります。開店から13年目に入りました。7人で経営しているお店です。現在「産直」のお店は個人のものを含めると10ヵ所近くあると思われます。産直は、「卸し」「小売り業」を省いて、作る人が直接売ります。だから作り手の顔が見え、新鮮、安い等の利点があります。しかし、非常に大きいのは「ブランド力」です。「見沼」というブランド、自然や農村など、周囲の環境などが付加価値となっています。その点「トラスト地」や「見沼代用水原型保全区間」のすぐ前にあるお店は絶好の好位置です。これらの要素はすべて売っている商品の付加価値となります。

　しかし、厚沢純子さんの話を聞いてそれだけではないと筆者は思いました。それは、売り手買い手との「コミュニケーション」です。スーパー等の現代の小売業が失ったものは何でしょう？売り手と買い手の商品を媒介にする「コミュニケーション」です。この魚、野菜等の食べ方、料理の仕方、商品のおいしい時期（旬という季節感）等です。テレビやネットの情報にはないリアルな情報と商品が一体になっています。作り手はすぐ前にいます。それはこのお店の大きなセールスポイントではないでしょうか。売っている商品の良さに加え、こうした要素があるからこそリピート客が多いのだと思います。だから、販売している人が、作り手で、売り子から経営まで自分達でやっている例が多いのです。

毎週土曜正午までと日曜午後3時までの開店です。野菜、果物、苗木、手作りの小物等、何でも売っています。売る物は近所の農家から持ち込んだ物と自分の家で作った物の2つです。

　このお店を見ていて「人生100年時代」という事をつくづく感じます。売っている人達も皆高齢の方達です。週1日半務めのお店で年金以外の小遣い稼ぎになり、お孫さんにお年玉をやれるくらいの収入があれば素晴らしい事だと思います。もちろんお店の土地を提供したり、家の人たちが協力したり、近所の協力がなければ成立しません。

　長い間、異なる人たちが協力して「人生100年時代」とよく言いますが、高齢者が生き甲斐を持ち、そこそこの収入、儲けを出しながら長く経営を続けているのです。見沼という環境、場所が、高齢者問題という社会的問題解決の1つの模範的解答モデルを提供しているのです。私たちやさいたま市は見沼という貴重な財産を持っています。高齢者問題だけでなく、障害者やシングルマザーなど多くの社会問題を、見沼の遊水機能を維持しながら環境や歴史、農業、観光などの環境を整え、文字通り「もうける」場、自立の場としていきたいものです。

　個人商店と違い、産直のお店は何人かの人たちが共同してやっているお店です。筆者のような我儘な人間からみると9年もお店をやり続けるという事は並大抵な事ではありません。市民運動でもそうですが、具体的に始め、やり続ける事は大変です。膨大な仕事の連続ですし、煩わしい人間関係の連続です。

　見沼の遊水機能を維持しながら環境を維持し、さまざまな社会問題を解決する1つのモデルケースです。

20

ルポ⑪ NPO 水田を応援する会
——「泥んこ田んぼ」で子供たちは水遊び、
田んぼは「文化」

　見沼田んぼを代表する水田景観は「上山口地域」にあります。それは埼玉県の上田清司前知事が当時の東京都の石原慎太郎元知事に自慢した場所でもあります。

　ビルと田んぼが１枚の写真に無理なく収まる「トカイナカ」（都会で田舎の造語）埼玉がここにあります。典型的な里山です。「水田を応援する会」の副代表・西野輝久さんのお話を伺いました（代表は島田由美子さん）。

　ここも後継者の問題から休耕田になりかけていましたが、見沼の景観を守ろうとする市民が皆んなで田んぼをやる事になりました。全部で４反の田んぼやってます。一昨年（2018年）春、ちょっとした事件が起きました。耕起のトラクターの車輪が低い土地に落ち傾いてしまったのです。素人（市民）の悲しさです。どうやら耕作土壌の「耕盤」層の問題のようですが詳しい事は未だ不明です。「耕盤」層はトラクターなどが踏み固める固い土の層ですが、稲はその下まで根をのばすそうです。「耕盤」層は田と畑で違い保水力や排水にも大きく関係します。もちろん「不耕起」「耕起」の大きなポイントですし、出来高とも関係するそうです。いずれにせよ、素人の市民が農業に携わっていく上で、こうした専門的知識や指導をどうするかは大きな問題です。

　ここの中心の方は子供達と田んぼに大きな関心を持っています。田

んぼを都会の中で続ける事で、田んぼの生き物、景観、遊び……等を続け、やがて「川ガキ」（川、水であそぶ子供達）の見沼を作ることです。ぜひ「見沼泥んこ田んぼ」の交流会を、と張り切っています。人の多く住む都会に近い事もこの田んぼの大きな特徴です。

農業を続けて来た伝統的農家に変わり、市民が農業や田んぼを担う過渡期の時代が始まっています。埼玉県の作った「公有地化制度」はそうした試みの貴重な第一歩となりました。

今、千葉県や福井県等で「泥んこ田んぼ」へのチャレンジが始まっています。「上山口新田の米作り・水田を応援する会」の水田はこれら「川ガキ」を育てる事を目標にしています。

21

ルポ⑫ 里山クラブ
——見沼で大人の部活動、会社離れて飲み会も

　「里山クラブ」の結成は2014年、もう7年の歴史があります。まず目についたのは会員募集のキャッチフレーズです。「会社を離れて・・・大人のクラブ活動・・・」です。会員は約50名、会費は月2500円で約2反の田んぼと約2.5反の畑で野菜、大豆、小麦を作っています。また約1.2反の果樹園もあります。農業の指導は小川町の有機農法で有名な金子美登さんが開催している就農準備校に通ったご縁で、同グループの横田茂氏の指導を受けてやっています。無農薬でお米だけでなく、パン好き世代（若い世代？）のため、パンの原料小麦から作っ

ています。「自家製パン」だけでなく「自家製うどん」も小麦粉から作っています。

　小麦は農林61号（うどん用）、埼玉県の奨励品種である花満天（パン用）、ライ麦、古代エジプトの「スペクトル小麦」です。スペクトル小麦は小麦アレルギーが出にくい小麦だと言われていま

す。12月年末には毎年「餅つき大会」もやります。昔ながらの手植えによる田植えだけでなく、2月の味噌づくり、9月のパン祭りなど多彩な活動を続けています。作業時間は大体土曜日週1回、午前9時半位から夕方まで、終わってからの交流会（自由参加、飲み会？）はかかさないそうです（コロナ禍の間は自粛中）。

　また交流の場として一軒家を東浦和駅の近所に借りているのも特徴です。皆の会費は作業器具、種子等に使います。

　交流会に参加して、これは「地域包括支援センター」の優等生だと思いました。農作業で中高年世代が元気で働き、勉強したりで「人生100年時代」にふさわしいと思いました。多彩な活動の成果、最近は若い世代の方も増えています。

　小麦からパン、果樹園などの多彩な活動は活動の幅を広げ、参加する世代を広げようとする努力の表れです。会員の獲得といえば、会の活動と会員募集の看板、フェイスブック、日刊新聞の折込広告など多くの努力、工夫があります。これまでの市民運動とニュアンスが大分違います。

　最近、2020年のダボス会議でも問題になりましたが、「株主資本主義」から「ステークホルダー資本主義」が大いに問題となりました。地域や環境等と結びつかない経済活動、企業活動はないのです。

　「里山クラブ」の活動の中で大いに印象に残った事が後2つあります。1つは自由参加・飲み会です（コロナ禍の間は自粛中）。「仲間と一緒に」作業し、学び、飲み、成長する、この「仲間と一緒に」をとても大切にする事です。

　もう1つは、学ぶ＝学習するという事を、単に座学、本だけでなく体を動かす＝作業する中でやっている事です。「里山クラブ」の活動

を見ていて自分（筆者）などは古い＝昔の人間だなと思いました。

　「大人のクラブ活動」良い言葉です。若者＝学校のクラブ活動は「授業」にも増して大事です。

　若者＝学生は、ここで多くの事を学び大人になります。一生懸命やる技術や体力、適性、そして顧問、先輩－後輩、仲間等々いろんな事を学び、悩み苦労して大人になる階段を登るのです。

　「大人」には「大人のクラブ活動」がぜひ必要だと思います。若者＝学生の時とは異なった経験、学びが必要なのです。

　ところが現在では、それが「会社」一本になっているのは、大きな欠点だと思います。「会社」には「会社の目的、役割等」があります。「定年」もあります。会社以外の「地域のクラブ活動」が必要です。家の近所で活動出来るクラブ活動、活動仲間が必要です。

　それを、アグリ系で見沼田んぼで実現しているのが「里山クラブ」なのです。見沼田んぼは、「大人のクラブ活動」を受け入れる場所なのです。

22

日光御成道界隈①

——街が出来た、いつの時代も鉄道は街の基礎

　「埼玉高速鉄道」が川口、旧鳩ヶ谷を経て、さいたま市東部を通りました。岩槻延伸も検討されています。この埼玉県南部の東部＝日光御成道界隈を以前廃線になった「武州鉄道」が通っていました。これで、埼玉県南部の東部＝日光御成道界隈と東京が直接「鉄道」で結ばれる事になったのです。

　埼玉側には「住宅」や「サッカー場」、東京側には「仕事と稼ぎの場」が用意され、多くの人が鉄道を使います。東京と日光御成道界隈は、昔は「船＝舟運」、そして現在では、人は、多くの場合「鉄道」を使います。

　化石燃料に限界があり、地球温暖化が叫ばれる昨今です。ますます「公共交通」の重要性を増すでしょう。暮らして行くためには「Ｗｅｂ」（仮想）だけでなく「リアル」が必要です。その交通手段が、今は「鉄道」の形をとっているのです。

　「環境と低成長」の今後、「公共交通」＝「鉄道」に大きなアドバンテージがあるのは当然です。交通が有利に働くためにはＡ地点とＢ地点にそれぞれ求心力がある（魅力）あるものがなければなりません。

　東京には通勤の便利、そして江戸を含む大東京の旅が手軽で便利になった事等があります。埼玉には「住宅」と「サッカー場」などがあります。これらは「東京」「埼玉」それぞれの求心力（魅力）です。

　大事な事は、現在、既にある求心力にさらにプラス α をつける事で

す。私は、もっと多くの魅力＝「プラスα」が充分あると思います。皆さんと一緒に、東京と埼玉県東部＝日光御成道界隈の「プラスα」を考えてみましょう。

　それぞれの「プラスα」は「江戸」の魅力と埼玉県東部の「土と緑、自然、歴史」だと思います。緑と郷愁です。どちらも、大変強いものです。

　鉄道が入った事をフルに活用出来ます。日本は今「少子高齢化」社会といわれます。明らかに日本の社会は「人口減」に入っています。「人口減」は経済、政治、社会、家族のあり方、消費、ライフスタイル等々あらゆるものに影響を与えるでしょう。人口の増えない「定常社会」に入ったのです。

　そこで参考になるのが「江戸時代」です。「江戸時代」といっても、前期、中期、末期と色々ですが、一番華やかだったのは元禄時代です。

　日本の特質といって良いですが、色々な時代のもの、雰囲気が混合して残存します。現在の東京に残る「江戸」の香りです。よく探すと「江戸」の匂いは、現在の東京のあちこち（文化を含めればさらに）に残っています。知識と想像力に「鉄道」が加わり実際がプラス出来ます。

　例えば「埼玉高速鉄道」は「赤羽岩淵」駅の後、相互乗り入れで「営団南北線」の「王子駅」「西ヶ原」、「本駒込」「東大前」、さらに鉄道は「溜池山王」へ行きます。溜池山王の「氷川神社」は「大宮氷川神社」から出ており、川越「喜多院」と縁が深いのです。作ったのは見沼と同じ「徳川吉宗」です。もっと、東京沿線の魅力をアピールして良いでしょう。「目黒駅」で「東急目黒線」の「日吉」の後「横浜・元町・中華街駅」まで行きます。私個人の興味が入りますが「横浜」

の魅力も同じです。

　これらで、私たちは「東京」＝「江戸」の遺産にストレートに触れる事が出来ると思います。「溜池山王」「横浜」以外は後で述べる「新しい東京＝江戸」を目指す「東京文化資源区」構想の地域です。「東京文化資源区」は、未来の「東京」の姿として、基本的に「江戸」の復活を目指しています。簡単に実現しませんが、面白いし東京の旅への興味が湧きます。

　別な所で述べるように「王子駅」「西ヶ原」は渋沢栄一の活動の跡です。「東大前駅」で下車します。徒歩で本郷通りを南へ、「赤門」から「東大本郷キャンパス」に入ります（無料）。東大構内は夏目漱石の「三四郎池」を始め、実は見所いっぱいです。「龍岡門」から出て、小説や歌で有名な「無縁坂」を降り、「不忍池」に出ます。また「池の端門」もすぐです。すぐそこは「上野のお山」があります。江戸の総本山です。

　東京、横浜と、「戸塚安行」や「美園」（見沼）が繋がる事は、都会と埼玉県東部＝日光御成道界隈＝見沼の「土と緑、自然や歴史」が直接、結ばれる事を意味します。新しいライフスタイルの実現です。

　現に、東京で募集した見沼の農業体験コースには、多くの子供たちが、田植え体験や、見沼の里山的農的景観を楽しみに東京から参加しています。川口市、さいたま市は東京のベッドタウンに止まらず「緑と土の観光」に力を入れるべきでしょう。

　「埼玉高速鉄道」が「営団南北線」「東急目黒線」等と直通運転する事によって東京や横浜のどんな世界とつながるか次の機会でさらに明らかにしたいと思います。東京＝江戸の事は近く別の企画（『埼玉の日光御成道界隈（仮題）』）を多くの人の協力を得て作るつもりでいま

浦和美園駅東口の開発

すのでご期待ください。

　また「埼玉高速鉄道」を使い、行政区単位は「川口市」「さいたま市」に分かれていますが、「川口市郷土資料館」や「さいたま市浦和博物館」などに、もっと訪れて良いと思います。これらは、川口から美園まで、埼玉県南部の東地域＝日光御成道界隈で出土した遺跡等が展示され、解説もされています。昔の故郷の様子を知る事が出来ます。

　さいたま市立博物館が平成23年（2011）に特別展を開催。法政大（当時）の根崎光男氏に講演を依頼、その大要を館報「あかんさす」第102号に載せています。将軍の社参等は合計19回、荷物運び等の負担が大変だったとの事です。また白鷺等の「お鷹場」となり、「鳥見役」（本陣の会田家）には様々な規制や鷺の世話もあったようです。特定の人の個人的負担で環境を保持する事には限界があります。住民全体で負担するシステムの構築が必要な事を歴史は教えています。

23

日光御成道界隈②
──新しい街が出来た、新しいライフスタイル

　さいたま市美園に新しい街「ウイングシティ」が生まれました。「ウイング」は、飛行機や大型の鳥の翼などの事をいい、近くの「野田の鷺山」は1952年に国の特別天然記念物となりましたが、農薬や水田、林の減少で「鷺山」が消滅し、84年に指定解除となりました。鳩ヶ谷市は川口市になりました。「埼玉高速鉄道」はこれらを通り、終点には「浦和美園駅」が出来ました。この駅前と東側の大部分がさいたま市の副都心「ウイングシティ」です。「ウイングシティ」の人口は、駅開業時の約１万４千人から2020年には倍近い約２万８千人に増えま

した。年齢も30歳から40歳代が最も多く、小学校も新たに出来ました。サッカー場には多くのファンが集まっています。

　埼玉県の南部の東側地域（鳩ヶ谷地区を含む、川口東部＝日光御成道界隈）に初めて鉄道が通り、東京と直接結ばれたのです。ウイングシティの街づくり計画ではウイングシティを「見沼の東の玄関口」と位置づけ「農や食」の取り組みが始まっています。見沼周辺で人口が拡大した事は江戸時代以来初めての事です。見沼の側に街が出来、鉄道が通ったのです。

　「ウイングシティ」の成立、埼玉高速鉄道の開通と駅は、川口市東部、さいたま市東部の街のあり方、そして見沼田んぼを大きく変えるインパクトを持つものです。多くの人が「日光御成道界隈」に集まったのです。

　「ウイングシティ」の街づくりには先行して出来た他の街の例が参考になります。ここに暮らす人の健康の事です。最近の研究では、健康には「身体的健康」「精神的健康」「社会的健康」の３つがあるそうです（曽我昌史東大教授）。この新しいニュータウンの事は寺島実郎著『ジェロントロジー宣言』（ＮＨＫ出版新書）が参考になります。この本によると、国道16号線の周りには「上尾団地」「武里団地」を始め埼玉、千葉、神奈川と約10万人もの人の住むニュータウン群が出来ました。そこでここに住む人の「健康」が大問題だそうです。これを踏まえると、この国道16号線周りのニュータウンの人々に「身体的健康」「精神的健康」「社会的健康」の問題が生じているのだそうです。それは「自然欠乏症候群」とでもいうべきものです。「高齢化」になると、より深刻だそうです。

　新しく出来た「浦和美園」のニュータウンの人々にとっても、将来、

高齢化した時、多くの人たちにとって深刻な問題となります。今から考え、用意しておく必要があるでしょう。

　健康は決して「無農薬有機農業」の産物、すなわち「食べ物」だけで作れる訳ではありません。土と水、生物多様性や自然、農業の体験、景観等々によっても作られるものです。人間と自然の関係が希薄化する中で、すぐ西にある「見沼田んぼ」の農地や自然を持っている事は「ウイングシティ」に住む人々の大きなアドバンテージになります。「自然」は様々な経路を経て人間の健康促進に貢献してます。「農業」や「自然」に親しみ、体を鍛え、野生の生物を見、感性を磨く等々です。見沼で活動する人たちにとって「自然」や「生物多様性」などは重大ですし、コーチ等が必要です。

　美園地区に多い大学も「健康」には大きな役割を果たすでしょう。大学側からも健康、医療、介護等々の計画立案が必要です。その点、

慶應義塾大学の薬用植物園は参考になると思います。西側の見沼田んぼは、心と体の絶好のフィールドです。

　さいたま市の美園地区、見沼区、岩槻区、川口市の戸塚、安行、鳩ヶ谷地区など、県南地域の東側には江戸時代に造られた「日光御成道」があります。徳川家康は、江戸の鬼門、日光に葬られ、歴代将軍の社参の専用道路として「日光御成道」が造られました。この道路は「綾瀬川」や「通船堀」の「舟運」と並び、江戸とこの地域を深く結びつけました。この「日光御成道界隈」には、現在でも歴史的遺産が多く残ります。これらの「遺産」もこの地域の大きな「地域資産」です。

　現在、「埼玉高速鉄道」の「岩槻延伸」が「埼玉県5カ年計画」で具体化されつつあります。城下町「岩槻」は「川越」と並ぶ埼玉県（さいたま市）の貴重な財産です。「岩槻城」は江戸幕府以前から関東、見沼に大きな影響を持つ城でした。延伸を成功させ東京から近い城下町としたいものです。「第2の川越」にしたいものです。

　後でも述べますが、最近「東京文化資源区プロジェクト」が発足し、盛んに活動しています。経済の高度成長期の東京の青山、原宿、六本木などの、港区、渋谷区から東京を「裏返し」て東京北東部の谷根千、上野、本郷、神田、日暮里、王子などの北東部の文化、観光資源を再発掘しようとするプロジェクトです。東京＝江戸文化資源の再評価と街づくりといって良いでしょう。

　見沼田んぼを含め、この地の自然環境の再生は「ウイングシティ」の大きな課題です。「野田の鷺山」については、小杉昭光著『野田の鷺山』（朝日新聞社、1980年）に詳しいです。

24

日光御成道界隈③
——江戸が近く運搬は「船」、江戸は大消費地に

　江戸の後背地として、この地域には色々な産業が育ちました。「日光御成道界隈」の「産業」に注目する必要があります。ものを生み出す事は暮らしを支え「文化」を作る事です。文化を作るのは「経済」です。

　誰でも知っている、この地の有名な産物を見てみましょう。「川口の鋳物」「安行の植木」「見沼の米」「川口から岩槻にかけての野菜」「岩槻の人形」等々です。これらはブランドになっています。

　産業が育つためには、側に大消費地があり、運搬手段がなければなりません。江戸の存在と見沼の「通船堀」「綾瀬川の舟運」「芝川―荒川の舟運」などです。

　「通船堀」は「芝川」「荒川」を通り江戸「隅田川」へ。綾瀬川も「荒川」を通り「隅田川」へ行き江戸と結ばれていました。

　まず「川口の鋳物」です。大消費地江戸で「鍋や釜、農具」などの需要が増した事、芝川や荒川の舟運による運送が原料、燃料や製品の運搬などに役立った事、荒川の砂や粘土が適した事などがあったようです。

　2017年、旧鳩ケ谷の郷土資料館で「母なる芝川」の展示がありました。見沼田んぼの真ん中を流れるのも「母なる芝川」です。単なる、「田んぼの落とし水」でなく、「芝川」の存在の大きさが分かります。また、見沼田んぼ造成のわずか1年後「通船堀」を造った理由も分か

ります。

　次は「安行の植木」です。鋳物と同様、大消費地江戸が近く、江戸の園芸が盛んだった事があります。地元、川口と同じくさいたま市緑区、見沼区、岩槻区などの土壌が、植木―苗木の生育に適していました。土地が「関東ローム層」であり、植木の育つ環境を持っていたからです。「関東ローム層」そのものは栄養分がないのですが、長年の枯れ木や落ち葉などが堆積すると、野菜や植木などの生育に適した土となるそうです。見沼の側の台地の川口や浦和はこれを生かし、「美園」（美しい園）と呼ばれるような景観を作りあげました。側に、園芸の街＝江戸の大消費地があったのです。岩槻の人形もそうです。桐の産地であった事や、日光東照宮の造営にあたった内匠が住みついた、等々の伝承があります。いずれにせよ「城下町」であり大消費地江戸が近く「舟運」も発達していた事が大きかったと思います。現在さいたま

見沼通船堀

市立岩槻人形博物館が大きな話題を呼び多くの人を集めています。

　旧岩槻市との合併＝岩槻区の誕生はさいたま市にとって大きなプラスでした。将来、大宮氷川神社に負けぬ可能性を持ち、川越に匹敵する城下町を手にしたからです。首都圏の衛星都市は東京のおかげで放っておいても人口が増え、税収があるからです。でもそれは将来も安泰なものではありません。危機感を持って街づくりをする必要があります。

　商品経済が次第に発達して来ると江戸に近い「日光御成道界隈」(川口、美園、さいたま市見沼区、岩槻区) でも、江戸「地回り経済圏」が生まれて米と同時に他の換金産物の生産、運搬─輸送が盛んになりました。運搬─輸送では大量に物を運べる「舟運」(水運) が盛んに使われました。見沼の「通船堀」以外では農業用水路としての「綾瀬川」は、耕地や田んぼを開発し、武蔵野 (埼玉) の発展に貢献しまし

芝　川

た。そして「舟運」で「江戸」とつながったのです。川口、美園、岩槻区に「河岸」が出来、美園では大門「縄手」にも「河岸」が作られ、江戸に物が運ばれたそうです。農業と交通、「綾瀬川」はこの2つで大きな役割を果たしたのです。川口の鋳物も芝川の水運を使い、江戸に運ばれたのです。今では想像出来ない「舟運」が動脈の中心だったのです。

「江戸の後背地」として産業が生まれました。「関東ローム層」の土、綾瀬川、芝川―荒川の舟運、通船堀、大消費地―江戸の存在は大きかったのです。川口、さいたま市の東側＝「日光御成道界隈」は江戸と結ばれ、鋳物、植木、米、柿渋等を育てました。

土質、運搬手段などの条件が揃い、川口、さいたま市の東部＝「日光御成道界隈」の人々が生きて行く糧＝産業、文化を育てたのです。これからは「観光」を含め、東京から人を呼び、消費地とするような産業を盛んにする事が大事です。昔、「日光御成道界隈」の産業が盛んで、商取引が盛んだった事が、この地域＝「日光御成道界隈」の「文化」を育てました。

25

日光御成道界隈④
──御成道の標高高い、江戸の後背地、
江戸文化はすぐ側

　「何故、日光御成道は出来たのか？」「何故、筆者の自宅前に急坂はあるのか？」長い間の疑問でした。

　「日光御成道」の、コースは先ほど見ました。徳川家康は、江戸の鬼門、日光に葬られ、歴代将軍の社参の専用道路として「日光御成道」は作られました。でも何故「日光街道」がありながら「日光御成道」を作ったのでしょうか？これも長年疑問でした。

　標高の問題だったのです。「土木学会関東支部」の資料によると標高が「五街道」の「日光街道」で約5m程、「脇街道」の「日光御成道」で約10m程です。

　なんと「日光御成道」の方が約5mも高いのです。「日光街道」は新田開発には適していますが、通行の安全では治水上問題があるのです。治水の安全のため、より標高の高い「日光御成道」を整備したのです。

　家の前の急坂は、谷の見沼から「日光御成道」へ登る坂道でした。前にも述べましたが、「日光御成道」は「鳩ヶ谷支台」「岩槻支台」の上を通っています。標高の高い所を通るのです。西の「中山道」、東の「日光街道」に較べ「日光御成道」の標高は、より高いのです。

　江戸城を出た将軍は、江戸城大手門、本郷追分から日光街道に入り、谷中、日暮里、王子、赤羽と「御成道」を通り、荒川で舟を並べた渡

しで、埼玉に入ります。

　ここで、王子の事に触れない訳にはいきません。現在の浦和美園駅を出発した「埼玉高速鉄道」は「赤羽岩淵」の後、東京メトロ南北線に乗り入れ「王子駅」に止まります。「王子駅」の次が「西ヶ原駅」です。「御成道」の「一里塚」はここにあります。渋沢栄一関連の渋沢史料館も「飛鳥山公園」にあります。

　「一里塚」は、都市化の進む都内の中で大変貴重な現存する緑の史跡です。大正11年、取り壊しの計画がありましたが、付近の住民、滝野川町長そして渋沢栄一等の反対運動が功を奏し「飛鳥山公園」附属地として保存が決まりました。渋沢栄一ゆかりの「飛鳥山公園」は、先にあげた「東京文化資源区」に入っています。日本経済の父＝渋沢栄一の足跡や研究所等の残る場です。「東京文化資源区」構想は、先にも述べたように、これからの低成長の時代、東京の観光、文化を明

治維新前の「江戸」に求めようとするものです。私たちの「日光御成道界隈」も、この「江戸」や明治以降の日本と繋がるものなのです。

皆さんは「江戸文化」というと、何を思い出すでしょうか？色々あると思います。「落語」「園芸」「朝顔市」「浮世絵」等々、私は「池波正太郎」です。本所、深川の「鬼平」「仕掛け人梅安」「剣客商売」等江戸情緒あふれた名作です。

これらに出てくる江戸は「懐かしい未来」といえます。江戸幕府、見沼通船堀、見沼代用水、日光御成道、これらはみんな江戸時代に出来ました。江戸の雰囲気を残すものが私たちの街にあります。そう日光御成道の本陣、脇本陣、一里塚等です。見逃しては大損です。また江戸を残す東京にも鉄道で簡単に出られるのです。少し知識を得、想像力を働かせれば江戸時代にタイムスリップする事が出来ます。

池波作品で江戸文化としてよく描かれているのは「水の街＝江戸」と「職人の街＝江戸」です。「綾瀬川」「芝川」や「通船堀」「芝川」は深川の「隅田川」と繋がっていました。

そう江戸は「懐かしい未来」なのです。「エコエコ」の加倉井憲一さんによるとスウェーデンのヘレナ・ノーバッグホッジの言葉だそうです。彼女の本は、世界40ヵ国で翻訳され、「懐かしい」が「実現すべき未来の姿」なのです。

あとがき

　「経済なき道徳は戯言であり、道徳なき経済は犯罪である」（二宮尊徳碑文、神奈川県尊徳神社）という言葉があります。

　埼玉県の「見沼田圃の保全・活用・創造の基本方針」が決まってからもう４半世紀が過ぎました。私は「活用・創造」の具体的姿、担い手をずっと考えて来ました。

　「経済なき道徳」（環境保護という）ではないかと反省もしました。若い人（といっても筆者に比べればですが）がもっと多く来てくれるような地にしたいと思いました。その目で見れば、若い人が来てますし、活動を「活用・創造」もしてます。私が充分見ていなかったのです。その思いで、まとめたのが本書『見沼を商う25選』です。20年後、30年後の見沼はどのようになっているのでしょう。多くの世代の人、都市や田舎の人等多様です。ゆっくりと話し合い、見沼の環境を大事にしたいものです。環境に対価を支払うようにしたいものです。

　『見沼を商う25選』はいかがでしたか？　１から全部目を通して頂きたいのですが、「ルポ」の12項目に本誌未掲載の「しょうがの虫」を加えた13団体は直接各団体のホームページを御覧になってください。最新の情報満載です。各団体のホームページで最近の情報や息吹を感じてください。「見沼を商う」機運が育ちつつあることを一層感じられると思います。

※前書『見沼文化の25選』59、60ページに、私の愛用する人口増減のグラフ紹介しました。出典を『都市をたたむ』としましたが、平川克美著『小商いのすすめ』（ミシマ社）の誤りです。お詫びして訂正します。

【著者略歴】

村上明夫（むらかみ・あきお）

1942年川口市生まれ。浦和西高、法政大学、浦和・さいたま市議、埼玉県議を経て、現在、見沼田んぼ保全市民連絡会代表。
著書に『見沼見て歩き』（編著、幹書房）、『環境保護の市民政治学』（第一書林）、『環境保護の市民政治学Ⅱ—見沼田んぼからの伝言』（幹書房）、『環境保護の市民政治学Ⅲ—見沼田んぼ龍神への祈り』（幹書房）、『見沼文化を知る25選』（関東図書）ほか多数。

見沼を商う25選

2022年9月17日　初版第1刷発行

著　　者　村上明夫
発　行　所　関東図書株式会社
　　　　　　〒336-0021　さいたま市南区別所3-1-10
　　　　　　電話 048-862-2901　URL https://kanto-t.jp
印刷・製本　関東図書株式会社